BU
Rizzo

CW00816470

Maria Falcone
con Francesca Barra

Giovanni Falcone
un eroe solo

Il tuo lavoro, il nostro presente.
I tuoi sogni, il nostro futuro.

Premessa di Leonardo Guarnotta
Ricordo di Loris D'Ambrosio
Postfazione di Sergio Lari

BUR
Rizzoli

Pubblicato per

da Mondadori Libri S.p.A.
Proprietà letteraria riservata
© 2012 RCS Libri S.p.A., Milano
© 2016 Rizzoli Libri S.p.A. / BUR Rizzoli, Milano
© 2018 Mondadori Libri S.p.A., Milano

ISBN 978-88-17-06639-6

Prima edizione Rizzoli: 2012
Prima edizione BUR: 2013
Sesta edizione Best BUR: marzo 2019

Seguici su:

Twitter: @BUR_Rizzoli   www.bur.eu   Facebook: /RizzoliLibri

Introduzione

Ricordare Falcone vent'anni dopo
di Francesca Barra

All'Accademia Fbi di Quantico, nelle vicinanze di Washington, ci sono due monumenti: uno è dedicato a Thomas Jefferson, il terzo presidente degli Stati Uniti d'America, l'altro al giudice italiano Giovanni Falcone. A volerlo, nel 1994, fu Louis Freeh, amico e collaboratore di Falcone nelle indagini degli anni Ottanta su Cosa Nostra e, all'epoca, direttore dell'Fbi.

È un mezzobusto che si erge su un'aiuola di fronte all'ingresso delle aule, in un giardino che sa di pace. In quella posizione è il simbolo che gli studenti dell'Accademia Fbi si trovano davanti agli occhi quando si siedono sulle panchine, per studiare o per rilassarsi.

Quando domandarono a Freeh perché mai avesse scelto di erigere la statua di un italiano nella scuola di polizia americana, rispose: «Falcone è la più

alta rappresentazione della Giustizia e dello Stato».
George Bush sr, Freeh e Rudolph Giuliani avevano
grande stima del magistrato italiano. La consapevolezza del suo valore non ha conosciuto confini.
Se spesso parlare di mafia è un modo per rovina-
re l'immagine del nostro Paese all'estero, parlare di
Falcone ha l'effetto opposto. Proprio da oltreoceano
arrivarono i maggiori riconoscimenti del suo lavoro,
che egli impostò con un respiro ampio, trasversale,
instaurando preziose collaborazioni internazionali,
cosciente com'era di dover affrontare e combattere
un fenomeno non circoscritto, né isolato.

I giornali americani ne seguivano le gesta e si
stupivano dei numerosi ostacoli e delle frattu-
re all'interno del Palazzo di Giustizia, a danno
proprio dell'obiettivo comune: la lotta alla criminalità. Nell'agosto del 1988, «The New York
Times» raccontò, in un articolo scritto dal repor-
ter Ralph Blumenthal[1], la frattura nell'antimafia
italiana, oltre agli ostacoli, anche burocratici, a
cui fu sottoposto il giudice Falcone, considerato

---

[1] Ralph Blumenthal, autore di *Last Days of the Sicilians. At War
with the Mafia: the Fbi Assault on the Pizza Connection*, Times
Books, New York 1988.

«il leader, lo sperimentatore e importante alleato americano delle forze dell'ordine». Si leggeva infatti: «La continua ricerca dei padrini politici della mafia, dei suoi alleati o protettori all'interno del governo italiano, viene ostacolata dalla burocrazia, come sostengono alcuni magistrati, scatenando uno scontro che minaccia di interferire con gli sforzi degli stessi Stati Uniti contro la criminalità organizzata».[2]

Nel corso della sua vita, Giovanni Falcone non fu dunque soltanto il magistrato più famoso in Italia, ma il suo metodo e le sue indagini fecero il giro di tutto il mondo. Il suo primo viaggio in America avvenne all'inizio di dicembre del 1980. Ne seguirono tanti altri, in un clima di collaborazione e profonda stima, che la sua morte non ha affievolito. E il busto all'Accademia ne è una dimostrazione.

Una delle conseguenze di quella collaborazione con la polizia americana, forse la più nota in

---

[2] Ralph Blumenthal, *A Rift in the Anti-Mafia Connection*, in «The New York Times», 7 agosto 1988.

Italia, fu la testimonianza di Tommaso Buscetta che rivelò la struttura dell'organizzazione mafiosa e fu fondamentale in materia di traffico di droga. Per questo contributo, determinante in molte indagini, l'Fbi fornì una nuova identità a Buscetta favorendone l'estradizione in America.

In generale, proprio la capacità di Falcone nel conquistare la stima e la fiducia di Buscetta – primo pentito di mafia – segnò uno storico passo in avanti nella lotta al crimine, sia in Italia sia all'estero. Eppure, nel nostro Paese questo rapporto diventò talvolta il pretesto per mettere in discussione l'affidabilità di Falcone, giudicato troppo intimo e familiare con i pentiti.

A queste obiezioni Falcone, certo della serietà del suo lavoro, rispondeva: «I pentiti sono uomini come tutti gli altri. C'è tutta un'umanità...». D'altro canto, Falcone sapeva come rapportarsi con loro: proveniva dallo stesso quartiere, la Kalsa, in cui erano cresciuti i boss palermitani più sanguinari. Spesso li aveva incrociati sulla propria strada. Aveva conosciuto molti di loro quando era adolescente, ignorando chi e cosa sarebbero diventati quei coetanei da battere a un tavolo da ping-pong o sul campetto da calcio della parrocchia.

E infatti Buscetta parlò solo con lui. Le sue dichiarazioni consentirono di delineare per la prima volta la struttura piramidale della mafia, anzi di Cosa Nostra, facendone una ricostruzione senza precedenti dell'organigramma. Quanto alla definizione del fenomeno, Buscetta sosteneva che «mafia» fosse una parola inventata dai giornalisti, mentre già il nome «Cosa Nostra» lasciava intuire quali limiti si ponessero allo Stato, impossibilitato a contrastarla. Anche simili acquisizioni "terminologiche" furono preziose per Falcone: senza capire il linguaggio, i codici, non avrebbe mai potuto attivare gli strumenti necessari.

Dalla strage di Capaci sono passati vent'anni.

Sul giudice Giovanni Falcone sono stati scritti tanti libri. Dopo la sua morte, molte persone che l'avevano osteggiato in vita si sono improvvisate amiche.

Nel contempo, le interviste di Falcone, le sue parole divenute citazioni e il suo sorriso immortalato mentre sussurra qualcosa all'orecchio dell'amico e collega Paolo Borsellino hanno aiutato le giovani generazioni a diventare adulte cercando di confrontarsi con figure "alte". Come alto, incorruttibile e disciplinato è stato Giovanni Falcone. Che continua e continuerà a rappresentare ancora per molto tempo l'emblema dell'eroe moderno. Forse l'ultimo riferimento possibile, insieme con Paolo Borsellino.

Tuttavia, Giovanni Falcone non avrebbe mai voluto che si parlasse di lui come di un eroe. Fino all'ultimo giorno giustificò il suo straordinario impegno contro la mafia come «spirito di servizio». Dimostrò che, per lui, condurre la propria vita nel rispetto e nella ricerca della legalità e della Giustizia non era affatto un atto eroico, ma l'unico modo possibile. L'unico rancio da consumare sino in fondo onde condurre una battaglia che, per essere vinta, presupponeva disciplina, incorruttibilità.

Giovanni Falcone ideò inoltre un preciso metodo per sconfiggere la mafia. Uno dei benefici effetti di questo suo lavoro fu che il contrasto alle mafie non rimase più confinato alle sole aule di Tribunale, ma si estese ad azioni "culturali" diffuse. Prese così coscienza la società civile che, a differenza di chi invece l'avrebbe dovuto stimare e proteggere, fece sempre il "tifo" per quel magistrato che trasmetteva speranza e contagiava la democrazia con la sua fede nelle istituzioni.

È in virtù di queste attitudini uniche del magistrato palermitano Giovanni Falcone che, dopo vent'anni, c'è ancora la necessità di parlare del suo lavoro e della sua vita. Ma anche di ciò che fecero contro di lui. Perché non solo fu ucciso dalla mafia, ma venne anche tradito da parti deviate dello Stato che lui serviva e difendeva, in cui lui credeva. Perciò è doveroso ricordare anche l'iniqua e ormai chiara delegittimazione, il disprezzo e lo spietato isolamento a cui fu sottoposto in vita.

Giovanni Falcone collezionò molte sconfitte, ma anche successi ineguagliabili, che però non gli furono riconosciuti pienamente, mediante gratificazioni e nomine adeguate.

Il magistrato Ilda Boccassini ha detto: «Non c'è stato uomo in Italia che ha accumulato nella sua vita più sconfitte di Falcone. È stato sempre "trombatissimo". Bocciato come consigliere istruttore. Bocciato come procuratore di Paler-

mo. Bocciato come candidato al Csm, e sarebbe
stato bocciato anche come procuratore nazionale
antimafia, se non fosse stato ucciso. Dieci anni
fa, per dar conto delle sue sconfitte, Mario Pira-
ni dovette ricorrere a un personaggio letterario,
l'Aureliano Buendía di *Cent'anni di solitudine* che
dette trentadue battaglie e le perdette tutte: ancora oggi, non c'è similitudine migliore. Eppure,
nonostante le ripetute "trombature", ogni anno
si celebra l'esistenza di Giovanni come fosse stata
premiata da pubblici riconoscimenti o apprezza-
ta nella sua eccellenza. Un altro paradosso. Non
c'è stato uomo la cui fiducia e amicizia è stata
tradita con più determinazione e malignità. Eppure le cattedrali e i convegni, anno dopo anno,
sono sempre affollati di "amici" che magari, con
Falcone vivo, sono stati i burattinai o i burattini
di qualche indegna campagna di calunnie e insinuazioni che lo ha colpito».[3]

In questo senso si può pensare, per esempio, a
Leoluca Orlando che, dopo esserne stato amico,

[3] Giuseppe D'Avanzo, *Boccassini: «Falcone un italiano scomodo»*, in
«la Repubblica», 21 maggio 2002.

aver condiviso le stesse amarezze e aver sposato lui e Francesca Morvillo in municipio, accusò Giovanni Falcone di avere trattenuto alcune carte, quindi prove, «nel cassetto». Accusa che, manifestata attraverso un esposto, costrinse il giudice a presentarsi davanti al Csm.

In questo clima di diffidenza e sospetti che generavano confusione, Falcone disse: «Non si può investire nella cultura del sospetto tutto e tutti. La cultura del sospetto non è l'anticamera della verità, è l'anticamera del khomeinismo».

A vent'anni dall'attentato in cui, sotto l'effetto della deflagrazione di cinquecento chili di tritolo, persero la vita, oltre a Falcone, anche la moglie Francesca Morvillo, magistrato, e i tre agenti della scorta Vito Schifani, Rocco Dicillo e Antonio Montinaro, questa storia non può dunque considerarsi conclusa. Deve ancora essere raccontata sino in fondo.

Questo libro, attraverso la memoria della sorella del giudice, Maria Falcone, tenta di ripercorrere il passato, il presente e l'eredità di Giovanni, uomo e magistrato che ancora sa sorprenderci, svegliarci dal torpore, infondere speranza.

In questo periodo storico e culturale abbiamo più che mai bisogno di non fingere di essere un Paese felice, per citare un'espressione amara che Giovanni Falcone usò durante un'intervista televisiva, quasi giustificandosi per essere sopravvissuto all'attentato dell'Addaura: «Questo è il Paese felice in cui, se ti si pone una bomba sotto casa, e la bomba per fortuna non esplode, la colpa è tua che non l'hai fatta esplodere».

Lo sanno bene i ragazzi che arrivano con le «navi della legalità», un'iniziativa che permette ai giovani di confrontarsi con rappresentanti delle istituzioni sui temi della legalità in ogni anniversario della strage di Capaci, il 23 maggio. Una data che, come sottolinea la sorella Maria, attivamente impegnata nella Fondazione Giovanni e Francesca Falcone, non è solo il giorno della memoria, ma la meta, il punto di arrivo, l'abbraccio di un Paese che lavora tutto l'anno per non dimenticare.

Premessa

Un uomo che fu e sarà sempre immortale
di Leonardo Guarnotta
Presidente del Tribunale di Palermo

«Leonardo, sono le ventuno, leviamo il disturbo allo Stato e andiamo a casa.»

Era questa la frase di rito che mi diceva Giovanni quando, dopo una giornata trascorsa senza proferire parola, chiusi in un bunker per preparare il maxiprocesso, ci accorgevamo che erano passate ore.

Lavoravamo anche il sabato. Dalla mattina alla sera. Non ci guardavamo nemmeno attorno, non ci accorgevamo delle voci, dei problemi che stava sollevando la nostra esposizione.

Percepivamo avversione. Non so se chiamarla invidia sarebbe corretto. Certo è che ne dissero molte su di noi, sul pool antimafia voluto dal giudice Rocco Chinnici. In primis che «gestivamo il potere», e poi ci accusarono di essere vicini di volta in volta a ciascuno dei partiti dell'arco istituzionale, dall'estrema destra alla sinistra estrema. Ma noi, quella lente deformante della realtà non la volevamo utilizzare, per essere sicuri di valutare le prove secondo equità.

Un giorno dissi a Giovanni: «Sei sicuro che puoi contare su molti amici? Secondo me si possono contare sulle dita di una mano. Anzi meno». Lui mi guardò, sorridendo sotto i baffi, con quel sorriso che non potrò mai dimenticare. E non rispose. Forse lo sapeva anche lui.

Eravamo quattro magistrati nel gruppo di lavoro.

Il nostro sogno – ovvero il mio, di Giovanni, di Paolo Borsellino, di Giuseppe Di Lello – era quello di liberare la nostra straordinaria terra dalla gramigna che soffocava la parte buona della società.

Chinnici diede il primo mandato a Falcone, Borsellino e Di Lello. Alla sua morte, quando subentrò il giudice Antonino Caponnetto, mi proposero di entrare a farne parte. Ci scelsero in base alle affinità caratteriali e culturali, oltre che alle competenze. Dovevamo lavorare a stretto contatto e noi ci conoscevamo bene. Eravamo amici. Di quel gruppo, adesso lavoro soltanto io. Di Lello è in pensione. E io, oggi presidente del Tribunale di Palermo, sono all'ultimo mandato. Sono passati molti anni, ma ricordo che decidere di entrare nel pool non fu semplice.

L'offerta mi lasciò sorpreso. Non pensavo di meritare tanto. Ci riflettei per più di un mese. Quella scelta avrebbe cambiato – e cambiò – tutta la mia vita. Fui confortato da mia moglie, che mi disse: «Fa' ciò che ti detta il cuore, quello che senti di dover fare».

So di aver fatto la scelta più giusta. Ho potuto lavorare con due mostri sacri, Paolo e Giovanni, che mi hanno insegnato molto. A distanza di anni li reputo ancora preziosi. Ho imparato il senso del dovere. Incondizionato. Quando decidi di aderire a un progetto così fondamentale per la storia, la collettività, la Giustizia, lo fai per i giovani, per la società, per avere dei cittadini non sudditi, perché siano loro riconosciuti dei diritti. Non per visibilità.

Noi volevamo far bene. Contrastare in modo efficace Cosa Nostra. Dare un chiaro segnale alla società civile.

L'aiuto di collaboratori come Buscetta, Contorno, Calderone, Mannoia, da noi ritenuti attendibili e l'adozione di una strategia investigativa vincente – perché mirava alla individuazione e confisca del patrimonio mafioso custodito nei santuari bancari – ci hanno consentito di andare oltre l'intuito, di squarciare un velo. Di cambiare la percezione comune. Di attribuire nomi, volti, a quella gramigna.

Il consenso della società, talvolta solo apparente, era ondivago. Paolo Borsellino, nel suo celebre discorso alla Biblioteca di Palermo dopo la morte di Giovanni, ricordò che, in più di un'occasione, quest'ultimo si era dimostrato entusiasta, felice addirittura, per l'appoggio della gente. «La gente è con noi» disse. Perché quello davvero avrebbe significato presa di coscienza. Reazione, resistenza. E invece sembrava seguire dei cicli. Vi era partecipazione in occasione dei fatti più eclatanti, ma poi si tornava alla propria vita. Il rischio, ancora oggi, è tendere alla normalizzazione, che è cosa ben diversa dalla normalità.

A Roma, l'ultima volta che vidi Giovanni, andai a trovarlo al ministero. Mangiammo in un ristorante di fronte al suo ufficio. Mi sorprese vederlo scortato da un solo poliziotto, rispetto alle sirene e alla protezione a cui giustamente era di solito sottoposto e con cui ero abituato a vederlo, e me ne meravigliai. Giovanni era un bersaglio e ne era consapevole. Ma anticipò la mia domanda calmandomi: «Leonardo, fregatene». Sapeva che sarebbe successo, che avrebbero provato a colpirlo nuovamente, dopo l'attentato dell'Addaura. Ma non a Roma. A Roma si sentiva più libero.

Non lo trovai cambiato rispetto agli anni intensi trascorsi fianco a fianco durante il maxiprocesso. Sperava, anche ingenuamente, da osservatore privilegiato a Roma, di occuparsi non solo di Palermo ma di tutto ciò che avveniva in Italia. Aveva disegnato una Procura nazionale antimafia a sua immagine e somiglianza. Puntava su quel ruolo. Sarebbe stato naturale, scontato, doveroso che lo occupasse.

Nonostante tutte le sconfitte subite, aveva lavorato ugualmente. Anche se non ottenne mai alcun posto a cui avesse ambito.

Gli restammo sempre accanto, io, Ignazio De Francisci e Gioacchino Natoli, mentre altri due

19

componenti del pool rinunciarono alla delega, non condividendo l'opera del consigliere istruttore, nominato al posto di Giovanni, Antonino Meli. Il quale, nel 1988, sciolse definitivamente il pool.

Malgrado questo, non facemmo mai mancare a Giovanni il nostro supporto. Perché provavamo anche un grande senso di gratitudine.

Il suo lavoro, la sua dedizione fanno di lui un uomo che fu e sarà sempre immortale.

Giovanni Falcone
un eroe solo

A Francesca e a Giovanni.
Maria Falcone

A mio fratello Vittorio, carabiniere,
il mio eroe. Perché ha scelto
di servire lo Stato.
Francesca Barra

«Non hai voluto figli!
Io ti avrei voluto come papà.»
Luisa da Napoli, 12-08-92
*sull'Albero Falcone**

* È l'albero cresciuto davanti alla casa palermitana di Giovanni
e Francesca Falcone. Dal 1992 la gente vi appende biglietti con
pensieri e messaggi.

Prologo

Io, Maria, ricordo Giovanni

Sono già passati vent'anni da quel tremendo 23 maggio 1992, ma per me è come se il tempo si fosse fermato e, ogni qual volta sono costretta a fare memoria, tutta la mia vita con Giovanni mi ripassa davanti.

Una vita normale, fatta di momenti felici e di altri tristi, ma in fondo una vita come tante altre, se non fosse stata devastata da quel feroce attentato.

In realtà, per me tutto era già cambiato nei dieci anni in cui Giovanni lavorò a Palermo. Fu un periodo di grande apprensione, non solo per la sua vita, ma anche per quella dei miei figli, allora ragazzini, che temevo potessero diventare vittime innocenti di qualche vendetta trasversale. Tuttavia non feci mai pesare quest'ansia a Giovanni, che già sapevo tormentato da tanti problemi, né mai lui mi lasciò capire la sua preoccupazione, tranne che in un momento particolare di cui parlerò più avanti.

Il racconto di tutta la vita pubblica di Giovanni, di cui in queste pagine ripercorrerò i momenti storici della lotta alla mafia, è per me una memoria dolorosa che nella vita di ogni giorno cerco di rimuovere. Da anni però ho scelto di portare questi ricordi nelle scuole di tutta Italia, perché riconosco che sia un patrimonio importantissimo per la formazione civica dei giovani, e la loro attenzione mi ripaga di tale sacrificio.

1

Figlio della Kalsa

«Sono nato nello stesso quartiere di molti di loro. Conosco a fondo l'anima siciliana. Da una inflessione di voce, da una strizzatina d'occhi capisco molto di più che da lunghi discorsi.» [1]

Giovanni Falcone

Anna, io e Giovanni siamo nati e abbiamo mosso i primi passi nel palazzo di via Castrofilippo 1, affacciato su piazza Magione, a Palermo. Era nel cuore della Kalsa, un quartiere un tempo, ancor prima dell'arrivo della nostra famiglia, abitato da nobili.

Oggi è difficile immaginare la magia che aveva la Kalsa quando noi eravamo piccoli, con i suoi palazzi sontuosi ed eleganti, le palme e insieme quell'atmosfera che riportava in ogni momento alle origini arabe del quartiere, testimoniate dal suo nome più antico *al Halisah*, che significa la

---

[1] Giovanni Falcone, con Marcelle Padovani, *Cose di Cosa Nostra*, Rizzoli, Milano 1991. Il riferimento è agli uomini d'onore.

Pura, l'Eletta. Oggi, dicevo, la Kalsa, sventrata dai bombardamenti della Seconda guerra mondiale e mortificata dalla ricostruzione fatta sulle sue macerie, è diventata come un suk sbiadito, senza più incanto.

Ricordo ancora con nostalgia quando mia sorella Anna e io ci affacciavamo al balcone: rimanevamo rapite a guardare la chiesa della Santissima Trinità, del dodicesimo secolo, con la sua facciata sobria ma impreziosita da un intreccio di archi, e il giardino antistante, fresco e ombroso. Ma non era solo questa visione a rendere unica la nostra casa – che era stata del fratello della nonna, il sindaco Pietro Bonanno. C'erano anche gli interni, con gli affreschi e gli arazzi alle pareti. Per noi bambini, e poi ragazzi, questo fu un contesto privilegiato in cui crescere, che non ci fece mai desiderare altri quartieri più *à la page*.

Il mandato di sindaco dello zio Pietro era stato brevissimo, dal 21 gennaio 1904 al giorno della sua morte, avvenuta il 12 febbraio 1905. Era stato più a lungo assessore ai Lavori pubblici, come ci raccontavano spesso i nostri genitori, e la città gli fu sempre molto grata, tanto da dedicargli strade e ville perché, sebbene fosse morto giovane, poco più che quarantenne, aveva realizzato un'infinità di opere. Fra le altre cose, aveva reso percorribile la via verso il santuario di Santa Rosalia, completato il Teatro Massimo, aperto i bagni al mare per i poveri e portato avanti progetti per la costruzione di un ospedale. Per noi bambini, per nostro padre Arturo, che era il direttore del Laboratorio chimico provinciale, e per nostra madre, Luisa Bentivegna, questo zio era quindi un modello e un motivo d'orgoglio familiare.

Papà era un mutilato di guerra: era stato colpito alla testa, prima che morisse tragicamente anche suo fratello. Per un anno era stato fra la vita e la morte, ma poi si era ripreso, si era laureato e aveva sposato nostra mamma, bellissima, di dodici anni più giovane. Lei aveva gli occhi a mandorla degli arabi, lui era alto e magro: per noi erano una coppia perfetta.

Mio fratello Giovanni – che da adulto sarà la copia di nostro padre, solo leggermente più basso – nacque il 18 maggio 1939 in questa splendida casa. Non molto lontano da lì vivevano anche alcuni dei boss più sanguinari che, nel corso della sua carriera di magistrato, avrebbe perseguito. Ma nessuno allora avrebbe potuto immaginare questo incrocio di destini infausti. Soprattutto il giorno della sua nascita, che fu segnato da un evento straordinario. Era una bellissima giornata di tarda primavera, le finestre erano aperte e lasciavano entrare in casa l'aria dolce e tiepida. Una colomba bianca si intrufolò nella stanza e si mise a svolazzare intorno alla culla, trasmettendo a tutti un'immagine di gioia e di pace.

Diversamente da mia sorella, che si sentì subito investita del ruolo di seconda mamma, protettiva ed emozionata, io non feci molto caso alla colomba. D'altro canto avevo solo tre anni. Era naturale che fossi incuriosita da quel piccolo neonato che stava provocando in casa tanta agitazione e che, forse, mi avrebbe rubato le attenzioni. Ci fu però un qualcosa che mi intenerì, e che mi intenerisce ancora oggi nel ricordo: fu il modo in cui Giovanni si presentò al mondo. Salutandolo con i pugni chiusi. Era arrivato il maschio di famiglia, sembrava voler dire a tutti.

Con la guerra dovemmo temporaneamente allontanarci dalla Kalsa. Già a partire dal 1940 si diffuse il panico, e i bombardamenti che si succedettero distrussero molti palazzi del quartiere, che fu abbandonato da tante famiglie come la nostra. L'atmosfera serena a cui eravamo abituati si spezzò.

Giovanni aveva solo un anno quando sfollammo a Sferracavallo, un borgo che oggi fa parte della riserva marina di Isola delle Femmine. Anche lì, però, non si stava molto tranquilli. La zona veniva spesso bombardata e, per di più, la casa in cui ci eravamo stabiliti era situata vicino al porto, diventato obiettivo sensibile. Prima una nave venne affondata davanti al golfo di Palermo, poi, il 9 maggio 1943, a causa di un bombardamento, furono distrutti anche i palazzi sul porto, compresa la passeggiata storica sul lungomare, ripristinata solo di recente. Così, atterriti dalla paura, ci trasferimmo all'interno, dai parenti della mamma a Corleone.

Dopo l'armistizio, a settembre, ritornammo in via Castrofilippo. Eravamo piccoli, e i miei ricordi sono sbiaditi, in molti casi sicuramente indotti dai racconti dei nostri genitori. Non potrò mai dimenticare però il nostro rientro nel palazzo. Ci stabilimmo per tre anni nel "piano nobile", abitato dalle zie Stefania e Carmela, perché la nostra casa, avendo subìto dei bombardamenti, era da ristrutturare. Il piano nobile – il primo – era così definito per distinguerlo da quelli più alti ed era il cuore del palazzo e anche il più ricco di decorazioni.

Per me e per i miei fratelli quelle zie diventarono come due nonne visto che avevano ormai più di cinquant'anni. Stefania e Carmela, che per noi furono sempre e soltanto zia Stefanina e zia Melina, erano le sorelle di mio padre e non si erano mai sposate. Con la loro sensibilità e con i loro racconti, ci fecero conoscere, assaporare e sognare un passato recente ma già mitico, quello che andava dalla fine dell'Ottocento a tutta la Belle Époque.

Melina era considerata una rivoluzionaria perché aveva frequentato l'Istituto d'arte. Era una pittrice. Ancora oggi nel mio salotto conservo alcuni suoi quadri, che rappresentano interni e paesaggi sullo stile del pittore palermitano ottocentesco Francesco Lojacono. Aveva molto gusto nel tratteggiare i suoi panorami, ma anche nella vita di tutti i giorni.

Stefanina era invece musicista e aveva frequentato il Conservatorio di Palermo per imparare a suonare il pianoforte. Ogni tanto, in casa si organizzavano pomeriggi musicali, in cui veniva offerto il tè e la zia suonava per noi e per qualche ospite.

Noi bambini non eravamo indifferenti di fronte a tanta "nobile bellezza" e all'atmosfera che la nostra famiglia riusciva sempre a ricreare, sebbene in tempi così difficili di ricostruzione.

Fu dunque tra pennelli, musica e traslochi vari che iniziò a definirsi la nostra educazione. Mamma e papà avevano sempre un occhio di riguardo nei confronti di Giovanni. A noi figlie femmine non veniva concessa la stessa indulgenza. Ricordo un episodio in particolare. Le pareti di casa delle zie Stefanina e Melina erano molto austere, rivestite di raso color ruggine. Giovanni era davvero piccolino e fu tentato di rovinarle, o forse di personalizzarle. Era incantato dalla figura di Zorro, che probabilmente aveva scoperto sfogliando uno

dei tanti volumi presenti nella libreria di papà.
Per questo strappò la tappezzeria in raso tracciando diverse «Z». Questo provocò le ire della mamma, ma trovò una delicata accondiscendenza nel
papà che, con il figlio maschio, aveva un'intesa
profonda e molta, molta pazienza.

Eravamo comunque, per la maggior parte del
tempo, sereni. Non ci fu mai bisogno di rimpro-
veri frequenti né di voci severe che tenessero a
bada il nostro temperamento. Anzi. Trascorre-
vamo ore e ore a parlare, a rievocare ricordi e a
raccontare aneddoti. Allenavamo la memoria. In
casa, per esempio, si parlava sempre e con orgoglio di due zii, che consideravamo alla stregua di
eroi: Giuseppe, l'unico fratello di papà, e Salvatore, un fratello di mamma. Giuseppe era stato
un ragazzo molto irrequieto. La nonna, che tanto
democratica si era rivelata nell'educazione delle
figlie – permettendo loro di coltivare la propria
vena artistica –, con il maschio aveva voluto dare
un segnale più deciso e severo. Lo aveva mandato
all'Accademia di Modena perché le regole della
vita militare e la disciplina contenessero la sua
vivacità. Durante la Prima guerra mondiale si era

arruolato in Aviazione, e fu così che perdette la
vita: il suo aereo fu colpito e abbattuto. Le zie
Stefanina e Melina ci raccontavano che il cadavere del fratello era stato consegnato loro solo un
anno dopo la tragedia e – non so se per alimenta-
re il doloroso ricordo o per la disperazione di non
avergli potuto dire addio – conservavano gelosa-
mente un album in cui, al posto delle fotogra-
fie, avevano inserito tutti i telegrammi ricevuti,
contenenti informazioni sul percorso della salma
e sui problemi materiali che ne impedivano il rientro (per esempio, in uno di questi si dava notizia alla famiglia che, mancando lo zinco, la cassa
mortuaria non poteva essere sigillata).

Quando finalmente la salma arrivò, ci fu una
grande manifestazione, perché tornavano gli
eroi caduti in guerra. La nonna fece costruire
una tomba speciale per suo figlio. Ancora oggi è
quella più vicina alla tomba di Giovanni. Aveva
ventiquattro anni quando morì lo zio Giuseppe,
capitano di Aviazione.

Sempre all'epoca della Grande Guerra, Salvatore Bentivegna, fratello della mamma, aveva
invece falsificato il certificato di nascita perché

voleva a tutti i costi arruolarsi nei Bersaglieri ma non aveva ancora raggiunto l'età minima di diciotto anni. Sarebbe morto un anno più tardi, sul Carso, colpito da una granata e avrebbe ottenuto il titolo di tenente. La mamma lo amava moltissimo e pianse disperata per la morte del fratello, che considerava un eroe. Per questo, quando più di vent'anni dopo nacque Giovanni, decise di dargli come secondo nome quello di Salvatore. Il terzo nome, invece, fu scelto da papà che, come me, amava la storia romana. Mio fratello venne infatti chiamato Giovanni Salvatore Augusto.

La reazione di mia madre alla scomparsa dello zio Salvatore può ricordare la mia quando persi Giovanni, un fratello che considero un esempio, coraggioso e testardo nelle proprie scelte.

La mamma ci raccontava spesso che il nonno, ginecologo molto noto in città, vedendo Salvatore tornato a casa la prima volta vestito da bersagliere, era svenuto dall'emozione. Dopo che lo zio morì, non avendo potuto seppellirne la salma, prese l'abitudine di recarsi ogni anno a Roma per il giorno dei morti, per omaggiare il milite ignoto. Evidentemente non smise mai di sperare che potesse essere lui, suo figlio, quel milite ignoto.

Oltre allo spirito patriottico che si respirava in casa, i nostri genitori tenevano molto anche alla nostra istruzione.

Giovanni frequentò le scuole elementari al convitto nazionale – che dal 1999 gli è stato intitolato –, in piazza Sett'Angeli, come esterno, cioè senza dormirvi, e le medie alla scuola Verga. Era molto bravo, si distingueva fra i compagni con un trionfo di otto e il suo immancabile nove in educazione fisica.

Noi sorelle, che nel frattempo eravamo cresciute, avevamo scoperto il piacere di viaggiare. Per esempio, a diciotto anni io visitai la Spagna con un'amica. I nostri genitori ci hanno sempre lasciato abbastanza liberi. Questo valeva a maggior ragione per Giovanni, cui veniva concessa una notevole indipendenza: a soli dodici anni aveva il permesso di prendere due autobus con gli amici per raggiungere Mondello. Attraversava la città, poco più che bambino, come se niente fosse. Partiva la mattina e ritornava la sera, felice per aver trascorso quelle ore spensierate al mare.

Bisogna ammettere che la completa fiducia che ci concedevano i nostri genitori era ben ripagata. Ci avevano insegnato a difenderci e noi sapevamo fronteggiare i piccoli imprevisti quotidiani, senza sentirci spaventati né deboli. Quella libertà non era un privilegio molto diffuso in altre famiglie. Mi sono spesso domandata se fossero in apprensione in quelle occasioni, quando noi ragazze eravamo in viaggio, o durante le scampagnate fuori porta del piccolo di casa. Non so, forse erano tempi diversi da quelli che abbiamo poi vissuto noi: forse ci si fidava dei figli perché ci si fidava del mondo.

Di certo mamma e papà non avevano dubbi nel permettere a Giovanni di trascorrere gran parte dei suoi pomeriggi in parrocchia. I miei avevano una fede granitica. Mio padre riuscì perfino a rimproverare Giovanni il giorno della sua Prima comunione. Durante la funzione, era visibilmente distratto. Seduto al primo banco con gli altri suoi coetanei, che come lui dovevano ricevere il sacramento, continuava a girarsi per cercare noi familiari con lo sguardo. Ma quale bambino arriva consapevolmente a quella tappa? Ci si avvicina alla fede spesso in altri momenti e in molti modi diversi. Per mio fratello, questo avvenne trascorrendo la maggior parte del proprio tempo libero in parrocchia. Per anni fece la spola fra quella di Santa Teresa alla Kalsa e quella di San Francesco. Nella chiesa di Santa Teresa Giovanni conobbe padre Giacinto, un carmelitano scalzo. Insieme con lui, che gli faceva da cicerone, ebbe l'opportunità di visitare il Trentino e Roma. Furono i suoi primi viaggi fuori Palermo.

Allora gli oratori erano importanti centri di aggregazione per i ragazzini. Lì potevano giocare, provare nuovi sport, stare all'aria aperta. Fu così che, verso i tredici anni, mio fratello imparò a giocare a calcio. Durante una delle tante partite, conobbe un nuovo amico, più piccolo di soli sei mesi: Paolo Borsellino, con cui si sarebbe ritrovato sui banchi dell'università.

Lo scoprii moltissimi anni dopo. Tardi. Durante una passeggiata dopo la morte di Giovanni, Paolo mi indicò il punto in cui si erano conosciuti: «Proprio lì, in quel campetto di cemento».

In parrocchia Giovanni imparò anche a giocare a ping-pong. Avevamo allestito un tavolo pure in casa e spesso ci sfidavamo in lunghe partite tra fratelli.

Se il calcio era stata l'occasione per conoscere Paolo, il ping-pong portò a Giovanni un incontro di segno opposto. Durante uno di quei pomeriggi, iniziò a giocare con Tommaso Spadaro, che allora aveva dodici anni e abitava nella vicina via Lincoln. Sarebbe poi diventato il "re della Kalsa", personaggio di spicco della malavita siciliana, impegnato nel traffico di stupefacenti e oggi all'ergastolo.

Questa coincidenza non deve stupire perché, come Spadaro, molti altri futuri boss provenivano dal nostro quartiere e, naturalmente, frequentavano gli stessi luoghi di aggregazione degli altri ragazzini. Probabilmente, nel corso della sua adolescenza, Giovanni avrà incrociato anche Tommaso Buscetta. Entrambi inconsapevoli che più avanti, nella vita da adulti, avrebbero avuto molto a che fare l'uno con l'altro.

2

L'Italia chiamò

«L'importante non è stabilire se uno ha paura o meno. È saper convivere con la paura. Non farsi condizionare dalla stessa. Questo è coraggio. Altrimenti sarebbe incoscienza.»

Giovanni Falcone

Grazie anche all'esempio ricevuto dai due zii, i nostri genitori scelsero di educarci nel rispetto della patria. Non solo ci trasmisero il messaggio che, quando la patria chiama, bisogna andare, ma in casa non espressero mai risentimento nei confronti di quella patria che aveva reciso le due giovani vite dei loro fratelli.

Anna, io e Giovanni siamo dunque il frutto di questa educazione. Da essa ebbero origine il nostro amore per l'Italia, il nostro senso dello Stato, sebbene accompagnati da personali e successive esperienze, da fedi e scelte politiche differenti.

Giovanni frequentò le scuole superiori al liceo classico Umberto I, ancora oggi un rinomato istituto palermitano. Lì conobbe il professor Franco Salvo, suo insegnante di storia e filosofia, un uomo di formazione illuminista, convinto che la ragione sia alla base di tutto. I suoi insegnamenti furono fondamentali nella formazione di Giovanni che, per tutta la vita, ebbe sempre un carattere estremamente razionale.

Nel corso della sua carriera scolastica mio fratello fu sempre molto bravo. Nei primi anni eccelleva, mentre al liceo – pur mantenendo un ottimo rendimento – era forse un po' distratto dall'attività sportiva, che aveva deciso di praticare a livello agonistico. Alla mamma, però, questo non andava giù. Anzi. Si rammaricava proprio che il "primo" della classe non fosse più lui, ma il suo compagno Onofrio Nicastro, divenuto il "tormentone" del povero Giovanni. (Tempo fa, la moglie di Onofrio mi fece notare che suo marito e Giovanni furono falciati quasi contemporaneamente. Anche Onofrio morì più o meno nello stesso periodo di mio fratello, ma per un male incurabile.)

Comunque Giovanni terminò il liceo classico con il massimo dei voti e ci sorprese con la notizia che avrebbe voluto frequentare l'Accademia navale di Livorno. Motivò la scelta asserendo che amava il mare e voleva laurearsi in Ingegneria. Fu un trauma. Più che la prospettiva di una carriera militare, ciò che ci scosse fu l'idea che si allontanasse da casa. Soprattutto i miei genitori vissero come una "mutilazione" il distacco di Giovanni dalla famiglia e dalla Sicilia. Perciò cercavano di compensare la distanza con una corrispondenza costante e affettuosa con il figlio, in cui si aggiornavano sugli studi, gli umori e la salute. In queste lettere papà usava con Giovanni toni amorevoli: lo chiamava «il mio biddicchiu» e lo salutava baciandolo e ribaciandolo.

Dopo soli quindici giorni dalla partenza, la mamma gli scrisse che sperava che lui sentisse il suo pensiero, che lo seguiva incessantemente in tutti i momenti della giornata, quando era impegnato nello studio o faceva ginnastica. Sembrano parole melense e dai toni esasperati, ma danno il senso della nostra unità.

Anch'io scrivevo a mio fratello per infondergli coraggio. Per esempio, quando sembrava preoccupato per gli esami, gli ricordavo che avevamo tutti piena fiducia nelle sue capacità. Non sentivo tuttavia il distacco in modo viscerale come papà; certo, mi mancava l'allegria che Giovanni portava in casa, ma riuscivo anche a distrarmi un po'.

Papà scriveva a Giovanni raccontandogli aneddoti della nostra quotidianità. La vita procedeva come prima: ci si sedeva a tavola sempre agli stessi orari, alle 14 e alle 20,30. Anna, che dopo il diploma non si era voluta iscrivere all'università, frequentava un corso di inglese, io studiavo alla facoltà di Giurisprudenza.

Ci hai scritto tre lettere senza i dettagli. Non conosciamo cosa stai facendo se non attraverso qualche lieve accenno. Questo è troppo poco. Quando eri qui seguivamo (relativamente) tutti i tuoi passi ogni giorno e ti sentivamo vicino e palpitante. Il conoscere tutto ciò che fai e l'ambiente in cui vivi costituirebbe per noi un certo rimedio al dispiacere di averti lontano. Anche noi ti comunicheremo le nostre vicende per quanto possibile. Stabilendo così quella specie di vivida corrente potremmo forse riuscire ad attenuare il disagio della nostra lontananza. [...] La sera mi metto a tavola e comincia il pasto della famiglia, manca però un elemento che fino a ieri la completava. A tavola si parla molto dell'assente. [...] Anna inevitabilmente sfoggia qualche fraseologia inglese. Maria e Anna si danno da fare con le amiche. Tutto procede con monotonia e ci manca totalmente una certa intonazione di allegria e buonumore.

Papà e mamma, 21 settembre 1957

In fondo a questa lettera aggiungemmo un saluto anche noi sorelle. Lei lo scrisse in inglese, mentre io, con l'ironia con cui mi rivolgevo sempre a Giovanni, annotai: «Anna "rompe le scatole" e ci sentiamo un po' tutti vittime di quella passione per l'inglese».

Anche per me, comunque, in alcuni momenti la lontananza da mio fratello era gravosa.

Da quando sei partito, in via Castrofilippo 1 al terzo piano si respira un'aria lacrimogena, quindi è impossibile che tu possa pensare che noi stiamo benissimo senza di te. Ti confesso che non avrei immaginato che avrei sofferto tanto per la tua lontananza, anche perché prima mi sembrava una cosa irreale e tanto lontana nel tempo questa tua partenza. Ma non voglio rattristarti in questo momento per te tanto difficile. Perché desidero che tu sia sereno e tranquillo. Mi capita talvolta di illudermi che tu sia partito per il solito viaggetto in giro per l'Italia con padre Giacinto e che da un momento all'altro ritornerai per riprendere la tua solita vita. Ma che vale illuderci? Se questa è la tua scelta e se questa è stata fatta senza una passeggera infatuazione, io non posso fare altro che pregare che la tua e la nostra sofferenza sia il giusto prezzo per un avvenire luminoso. Come vedi lo stile di questa lettera è diverso da quello burlesco con il quale sono solita scrivere e quasi quasi me ne pento perché di lettere serie ne riceverai a iosa da papà e mamma. Ma cosa vuoi farci? Questa volta il sentimento ha avuto il sopravvento, ma ti prometto che dalla prossima lettera in poi ti farò una cronaca buffa degli avvenimenti di casa nostra. E spero così che le mie lettere ti faranno ridere un po'. Adesso ti lascio e ti bacio perché devo andare a studiare.

Tua sorella Maria (che ti vuole tanto bene
nonostante le apparenze)
20 agosto 1957

Curiosamente ritrovammo questa corrispondenza a casa di mio fratello, dopo la sua scomparsa.

Aveva riposto le lettere in ordine, insieme con le due fasce di seta che si era legato al braccio destro per la Prima comunione e per la Cresima. Negli anni il carteggio aveva compiuto incredibili viaggi, perché Giovanni se l'era sempre portato con sé: da Livorno a Lentini, a Trapani, a Palermo, nella prima e nella seconda casa. Mia sorella e io non abbiamo conservato allo stesso modo le nostre lettere. Invece lui, che sembrava più distaccato di noi, lo fece. Dimostrava una grande riservatezza, ma non era per nulla indifferente.

All'epoca di questo scambio epistolare, io avevo vent'anni, Giovanni diciotto. Lui voleva sempre sapere che cosa succedesse in casa. Già, che cosa succedeva senza Giovanni? Quello che gli avrei raccontato in lettere successive: «Papà rimprovera sempre Pitti Pitti, l'amica di Anna. La mamma lo rimprovera conseguentemente, Anna che persevera con il suo noioso inglese, la zia Melina che fa un largo uso di acqua di colonia e che costringe tutti noi a vedere la tv con olezzo di fiori. E io che studio e non mi ammazzo come te». Facevo la cronaca della vita ordinaria di casa Falcone.

Solo quattro mesi dopo la partenza – mesi che in casa erano parsi interminabili –, Giovanni ci avvisò che, per la sua attitudine al comando, era stato assegnato allo Stato Maggiore. Ciononostante, si stava sempre più convincendo che la vita militare non faceva per lui. Troppe regole inconfutabili, nonnismo insopportabile. Mio fratello era un ragazzo che sapeva perfettamente autoregolarsi e queste imposizioni, che tendevano a condizionare la personalità, mortificavano la sua natura come un'imbracatura. Non gli andavano giù. Gli sembravano un plagio, un abuso di potere nei confronti della persona. Perciò, quando dovette scegliere fra proseguire gli studi lontano e nel rispetto di una rigidità che non gli apparteneva, e rientrare in casa, scelse questa seconda strada e si iscrisse a Giurisprudenza.

A nostra madre, che all'epoca non poteva prevedere il pericolo della carriera in magistratura, questa scelta apparve prestigiosa e allo stesso tempo più sicura. La vita avrebbe paradossalmente dimostrato il contrario. Ma all'epoca il pericolo risiedeva nei fantasmi dei conflitti bellici. La mafia non era ancora considerata un problema da affrontare. Era sconosciuta ai più, e non era contemplata nemmeno nelle conversazioni quotidiane.

Così, nel gennaio del 1958 Giovanni tornò a casa. Restammo in via Castrofilippo fino al 1959, anno in cui l'allora assessore comunale ai Lavori pubblici Vito Ciancimino – che molti anni dopo, nel 1985, Giovanni avrebbe mandato in galera per mafia – decise di demolire la nostra casa. Era l'epoca del famigerato "sacco di Palermo", durante il quale monumenti e palazzi storici vennero scelleratamente abbattuti per fare spazio alle nuove costruzioni volute dall'assessore e da un'"équipe" di imprenditori e politici. Palermo perse alcune delle splendide ville di via Libertà, sostituite da palazzi adatti a ospitare più appartamenti, mentre le altre ville, pur sopravvivendo, nel volgere di pochi anni si ritrovarono immerse in un contesto urbano completamente snaturato.

Anche il nostro palazzo era dunque fra quelli che, con la scusa del risanamento in atto, Ciancimino aveva stabilito di buttare giù, insieme con altre case nobiliari della zona, per creare uno spazio destinato a un'edilizia differente. Per fortuna, però, non riuscì nel suo intento perché nell'adiacente piazza Magione c'era la chiesa della Santissima Trinità che il cardinale Ruffini intimò di non tocccare. Fu un durissimo braccio di ferro. E noi, mentre si combatteva questa battaglia, ci trasferimmo in via Notarbartolo, una delle strade principali di Palermo. Nel corso della sua vita Giovanni avrebbe cambiato tre case in quella stessa strada: una da ragazzo, un'altra con la prima moglie Rita e poi un'altra ancora con Francesca, la seconda moglie.

Terminò gli studi universitari nel 1961, quando ancora viveva a casa con i genitori. Capì subito di voler entrare in magistratura, non solo perché fra le varie possibili carriere era quella che gli sembrava più onesta e libera, ma anche perché sapeva che per quel concorso non avrebbe avuto bisogno di raccomandazioni. Già all'epoca, infatti, la Sicilia era famosa per le raccomandazioni, ma Giovanni non voleva saperne. In quest'ottica, quella della magistratura fu anche una scelta pragmatica.

Anche nello sport mio fratello ebbe sempre il suo tipico approccio, concreto e focalizzato sul raggiungimento del risultato. Dall'inizio del ginnasio fino al concorso in magistratura praticò diverse attività sportive con molta costanza, sebbene avesse dovuto abbandonare il livello agonistico a causa di un infortunio, nel 1956. Si era così buttato nel canottaggio, frequentando la Canottieri Palermo durante tutti gli anni dell'università. Si prese soltanto due lunghe pause dagli allenamenti, una per laurearsi e un'altra per il concorso in magistratura.

Anni dopo, il suo compagno di doppio a canottaggio mi confidò che, ogni volta che perdevano una gara, Giovanni si domandava: «Che cosa abbiamo sbagliato? Che cosa avremmo potuto fare per evitare l'errore?». Questo era un tratto caratterizzante di mio fratello: cercava sempre di migliorarsi. Se voleva raggiungere uno scopo, era per lui cruciale scegliere il metodo giusto e impegnarsi al massimo.

Tornando agli studi, si laureò con il massimo dei voti, 110 e lode, con una tesi sull'istruzione probatoria in diritto amministrativo, discussa con il professore Pietro Virga.

L'anno successivo, a una festa, conobbe una

bella ragazza: Rita Bonnici. Aveva cinque anni meno di lui e sarebbe stata il suo grande amore fino al 1978. Non ce la presentò subito, anche perché Giovanni è sempre stato molto discreto. D'altra parte, i nostri genitori non interferivano mai nelle nostre scelte, anche quando, forse, non le condividevano pienamente.

Io conobbi Rita nel 1962, al battesimo della mia prima figlia, Lucia, occasione in cui Giovanni la presentò in famiglia. Io che amavo così tanto mio fratello provai per Rita un grande trasporto. Istintivo. E poi, per la prima volta, lo vedevo innamorato. Io avevo venticinque anni, Rita diciannove. All'epoca era maestra elementare, successivamente si sarebbe iscritta all'università e si sarebbe laureata in Psicologia.

Era una bella ragazza mora con grandi occhi neri, i tratti siciliani. Per certi aspetti rispecchiava lo stesso ideale femminile di papà, che aveva sempre avuto una predilezione per le more. Anche la mamma infatti lo era.

Giovanni e Rita si sposarono dopo che lui ebbe superato il concorso in magistratura, nel 1964. Il giorno delle nozze fu indimenticabile: vidi mio fratello molto emozionato, così come lo era anche papà, forse addirittura più che al mio matrimonio. La cerimonia fu celebrata in una chiesa particolarmente cara a tutti noi Falcone: la Santissima Trinità della Magione. Lì, infatti, ci eravamo già sposate sia Anna che io, senza contare che la mamma la frequentava attivamente come dama di carità e che il parroco era un amico di famiglia.

I primi anni di matrimonio segnarono un periodo fertile e intenso per Giovanni, che stava gettando con ottimismo le basi per il futuro in cui credeva. Purtroppo non arrivarono figli, ma in compenso non tardarono le prime gratificazioni professionali. A soli ventisei anni, infatti, diventò pretore a Lentini e risolse il suo primo caso con cadavere: un incidente sul lavoro, in cui un uomo era morto schiacciato nel crollo di un cantiere.

Ho un bellissimo ricordo di mio fratello in quegli anni: lo rivedo come se fosse adesso, mentre lavora con un sottofondo musicale, preferibilmente di Mozart o Verdi. Ma non pensate che fosse un ragazzo antiquato o serioso: al tempo stesso amava la tecnologia moderna e aveva una passione per le papere. Sì, collezionava papere. E le sapeva imitare benissimo. I miei figli ridevano a crepapelle quando ne faceva il verso. Aveva cominciato a coltivare questa passione proprio a Lentini una volta che, dopo aver commesso un errore, disse: «L'importante non è non fare una papera, ma correggersi».

3

Nasce il metodo Falcone

«Conoscere un fenomeno non significa né con-
dividerlo, né tanto meno stimarlo. Io mi sono
sforzato di metterlo in luce.»

Giovanni Falcone

Per dodici anni, a partire dal 1966, Giovanni ri-
vestì l'incarico di sostituto procuratore della Repubblica e giudice presso il Tribunale di Trapani.

Quello, devo confessare, fu il periodo in cui
sentii maggiormente il distacco da mio fratello,
anche se veniva spesso a trovarci. Ero molto impegnata nell'allevare i miei quattro bambini e a
studiare per superare il concorso e diventare insegnante. Giovanni, da parte sua, si era ben inserito
con Rita nell'ambiente trapanese e si dedicava,
come sempre con grande professionalità, al proprio lavoro di magistrato.

A riunirci come un tempo intervenne, purtroppo, una triste circostanza. Il 19 aprile 1969 il
medico di famiglia ci comunicò che nostro padre

era sul punto di lasciarci. Tre anni prima, quando gli era stato diagnosticato un tumore all'intestino, Giovanni le aveva provate tutte, consultando medici, amici di amici e trovando il migliore degli specialisti per farlo operare. Malgrado ciò, l'intervento a cui si era sottoposto a Catania non era servito a nulla. Quindi, in quell'aprile del 1969, la dolorosa verità era che il male non era stato debellato e che papà stava morendo. Noi sorelle accorremmo al suo capezzale, ma ci rendemmo conto che a lui non bastava la nostra presenza. Non era pronto a dirci addio senza aver salutato anche il suo «biddicchiu».

Allora chiamammo immediatamente Giovanni. Nell'attesa, papà aveva lo sguardo fisso sulla porta della stanza. Sembra incredibile, ma stava aspettando suo figlio prima di lasciare questo mondo. Doveva vederlo, per l'ultima volta. E così fu. Appena Giovanni varcò l'ingresso, lui lo salutò e chiuse gli occhi. Per sempre.

Fu la prima volta che vidi piangere mio fratello. Solitamente non lasciava trasparire alcuno stato d'animo che potesse farci preoccupare. Ma quella reazione dava la misura del rapporto speciale che c'era fra loro. E della profonda lacerazione che la morte di papà gli stava procurando.

Rientrammo nelle nostre rispettive famiglie, nella quotidianità, con la consapevolezza di aver perso il nostro baricentro. Forse anche per questo Giovanni restò per ben dodici anni a Trapani senza pensare di tornare a Palermo. Era nostro padre il suo legame con la città d'origine. Morto papà, Giovanni si concesse una pausa anche dai luoghi che glielo avrebbero ricordato.

In quegli anni mio fratello stava mutando profondamente. A cambiarlo non fu solo la mancanza del riferimento paterno, ma intervennero anche fattori esterni. Entrando in un nuovo universo culturale e sociale, cominciò ad abbracciare i principi del comunismo sociale di Berlinguer. Era il 1976 e per noi fu un vero trauma, perché nella nostra famiglia avevamo sempre votato tutti Democrazia Cristiana, anche in quanto cattolici praticanti.

Io volli capirci di più. Durante una sua visita a Palermo, entrai a gamba tesa su un argomento che sapevo delicato, e sollecitai un confronto. Gli contestai quella scelta, dicendo che era anacronistica per un uomo che, come lui, amava così tanto la libertà. Mi rispose, quasi volendomi rassicurare, che il comunismo italiano sarebbe stato differente da quello russo. E aggiunse, sarcasticamente, che nell'ipotetica eventualità di una crisi di libertà nella nostra democrazia, sarebbe ritornato sulle montagne come i vecchi partigiani.

Il vero motivo di questa sua evoluzione ideologica era che, da profondo amante della Giustizia qual era, Giovanni si poneva il problema di combattere le disparità sociali. Nel comunismo intravedeva, quindi, la possibilità di appianare le sperequazioni. Nel suo lavoro, comunque, non si lasciò mai influenzare dalle idee politiche.

A fargli interrompere quella fase di vita trapanese fu la proposta di un giudice che lui stimava molto. Così, nel 1979, Giovanni ritornò a Palermo e iniziò a lavorare nella sezione fallimentare del Tribunale, occupandosi di diritto civile. Anche se non era la sua materia preferita, vi si dedicò sfruttando come sempre al massimo le proprie competenze. Qualche anno dopo la sua morte, un avvocato mi disse che Giovanni veniva ricordato da tutti per il suo lavoro come giudice antimafia, ma che anche al fallimentare aveva promulgato alcune sentenze di grande importanza.

Appena arrivato a Palermo, Giovanni andò ad abitare in un appartamento di via Notarbartolo, insieme con Rita, sebbene i loro rapporti fossero ormai incrinati. La vita matrimoniale non sarebbe durata infatti a lungo, perché Rita lo lasciò e fece ritorno a Trapani.

Spezzato da questa delusione, dal suo fallimento sentimentale, Giovanni giurò a noi, e forse soprattutto a se stesso, che non si sarebbe mai più impegnato in nessuna relazione affettiva. Al tempo stesso si buttò a capofitto nel lavoro. Aveva amato moltissimo sua moglie e aveva cercato in tutti i modi di salvare la loro unione. Perciò la fine del matrimonio fu per lui un colpo durissimo. Tutti noi in famiglia ne soffrimmo, ma in particolare ne rimase addolorata la mamma, che vedeva violata anche la sua morale cattolica. Lei credeva nell'indissolubilità del sacramento, ma fu indulgente con mio fratello perché sapeva che non era stato lui a volere la fine del matrimonio. Rita si era innamorata del presidente del Tribunale di Trapani, un uomo maggiore d'età rispetto a Giovanni, che lui aveva conosciuto e con cui aveva lavorato. Mio fratello non poté più fare nulla per tenere Rita con sé.

La mamma lo accolse con grande amore in casa sua per sollevarlo dai problemi pratici della quotidianità.

Era la fine del 1979, il momento in cui partirono le grandi indagini antimafia. In questo contesto, e con lo stato d'animo che si può immaginare, Giovanni accettò l'offerta che da tanto tempo Chinnici gli proponeva e passò all'Ufficio Istruzione della sezione penale. Tempo dopo avrebbe detto, ricordando quella scelta: «I meccanismi farraginosi e bizantini mi procurarono frustrazioni, così decisi di allontanarmi dalle cause di vicinato, dal civile, per scoprire progressivamente il penale. Era la valutazione oggettiva dei fatti che mi affascinava».

Ricordo che la mamma aveva saputo della possibilità che Giovanni potesse entrare nel gruppo di lavoro di Chinnici da una sua amica e mi aveva confessato di sperare che non accettasse, perché in città circolava già la voce che Chinnici fosse un giudice "particolare", uno che si occupava di mafia.

In quel momento Chinnici stava prendendo il posto che era stato del collega Cesare Terranova, assassinato il 25 settembre 1979, alla vigilia del suo rientro in magistratura come capo dell'Ufficio Istruzione del Tribunale di Palermo dopo il mandato parlamentare. L'impegno di Terranova in politica – era stato eletto nelle liste del Pci – gli aveva permesso di lavorare fianco a fianco con Pio La Torre e di far parte della Commissione antimafia per due legislature. Stava così indagando su mafia e appalti, sul rapporto tra Salvo Lima, Vito Ciancimino e Giovanni Gioia. Ma venne freddato, insieme con la guardia del corpo Lenin Mancuso, fedelmente al suo fianco da vent'anni, mentre erano a bordo di una Fiat 131.

Chinnici affidò a Giovanni, nel maggio 1980, la sua prima inchiesta contro Rosario Spatola, un costruttore edile palermitano, incensurato e molto rispettato perché la sua impresa aveva dato lavoro a centinaia di operai. Era in realtà la caricatura di un benefattore: doveva la sua fortuna al riciclaggio di denaro frutto del traffico di eroina dei clan italoamericani guidati da Stefano Bontate, Rosario Di Maggio, Salvatore Inzerillo e Carlo Gambino.

Si trattava di un'indagine altamente a rischio, e Giovanni lo sapeva benissimo. Sapeva che avrebbe dovuto agire scrupolosamente, con prudenza e modificando la strategia investigativa adottata fino a quel momento, anche al fine di confondere il "nemico" con azioni del tutto nuove. Per prima cosa capì che bisognava seguire le tracce e i movimenti finanziari, bancari. Perciò, studiando le orme lasciate dal denaro, fiutò come un segugio i vari traffici internazionali. Risalì così al rapporto fra gli amici di Spatola e la famiglia americana dei Gambino, rivelando, attraverso indagini bancarie-societarie, i collegamenti fra la mafia americana e quella siciliana. Era una scoperta clamorosa: la mafia non "giocava" più soltanto in casa.

Ricordo ancora i tavoli del salotto della mamma ricoperti di assegni che servivano per indagare sui vari passaggi del denaro sporco, indagini che nessuno aveva mai fatto. *Pecunia non olet* dicevano gli antichi romani, il denaro non ha odore. Quegli strani passaggi di soldi, invece, ne facevano eccome e avrebbero portato, nel 1986, al maxiprocesso.

Domandai più volte a mio fratello perché si fosse ficcato in quel lavoro così pericoloso. Un giorno, mentre stava andando al Tribunale, davanti al portone di casa mi feci coraggio e gli chiesi tutto d'un fiato: «Ma perché vai da Chinnici?».

«Si vive una volta sola» mi rispose per giustificare il suo impegno. Però quella frase aveva anche un altro sapore: la si sarebbe potuta interpretare come «si muore una volta sola».

Giovanni era andato a lavorare con Chinnici perché sentiva che era suo dovere farlo. E basta.

Per quanto coraggioso fosse, per quanto non leggessi tracce di paura nel suo sguardo in quel periodo, il pericolo c'era, eccome. A Palermo qualcuno aveva dato l'avvio a una mattanza. Uno a uno, caddero infatti agenti di polizia, giornalisti, magistrati.

Il 6 agosto 1980 fu ucciso il procuratore capo di Palermo Gaetano Costa e subito dopo assegnarono la scorta a Giovanni. Gli assassini di Costa non furono mai arrestati, ma la Corte d'Assise di Catania definì il movente come da imputare ad ampi e numerosi ambiti in cui aveva indagato durante il suo mandato di procuratore capo a Palermo: dal crimine organizzato ai reati contro la pubblica amministrazione, oltre alle indagini sull'omicidio Mattarella. La Corte, soprattutto, rintracciò la sua "condanna a morte" nella convalida dell'arresto di alcuni appartenenti al clan mafioso riconducibile a Rosario Spatola e a Totuccio Inzerillo, che il procuratore aveva firmato personalmente e senza l'appoggio degli altri sostituti procuratori, rifiutatisi di farlo. In sintesi, l'omicidio di Costa originava dunque da quella cosiddetta "zona grigia" in cui convergevano affari, politica e crimine organizzato.

In tale contesto, fu Rocco Chinnici a voler costituire un gruppo di lavoro, inizialmente avvalendosi della collaborazione di Giovanni, di Paolo Borsellino e di Giuseppe Di Lello. Il progetto sarebbe stato sviluppato successivamente da Antonino Caponnetto (subentrato a Chinnici, ucciso il 29 luglio 1983) che, nel marzo 1984, avrebbe costituito ufficialmente un pool composto da quattro magistrati (nel frattempo si era aggiunto anche Leonardo Guarnotta) che coordinasse le indagini sfruttando l'esperienza maturata e quello sguardo d'insieme sul fenomeno mafioso portato da mio fratello.

I quattro del pool erano affiatati, amici e con un sogno comune: restituire la città ai palermitani e la Sicilia ai siciliani onesti, sottraendole a chi invece voleva renderli sudditi. E, naturalmente, sconfiggere il veleno che le stava deturpando: la mafia.

Giovanni aveva un'enorme mole di lavoro che doveva trascinarsi dietro anche a casa di nostra madre in via Principe di Paternò. Il loro appartamento comunicava con il nostro e da quel momento diventò un vero problema arginare le incursioni dei miei figli, allora ragazzini, in casa della nonna perché non si poteva disturbare lo zio Giovanni.

La scorta impressionava chiunque si avvicinasse alle nostre abitazioni. E nemmeno noi riuscivamo ad abituarci all'idea. Giovanni cercava di tranquillizzare la mamma, dicendole che quegli uomini erano lì solo per pura formalità.

Invece erano lì per vegliare su di lui, di giorno e di notte.

Spesso la mattina, quando uscivo per andare nella scuola in cui insegnavo, mi ritrovavo nel pianerottolo un agente di polizia in servizio permanente. Giorno dopo giorno, il pericolo cresceva esponenzialmente. Iniziammo a temere per Giovanni, che, al contrario, ostentava indifferenza. Era sereno nell'affrontare quel nuovo stile di vita. Ci presentava una realtà edulcorata. Ci proteggeva. E noi ci mostravamo convinti, sebbene la preoccupazione restasse un tarlo nell'angolo più recondito del nostro cervello.

Ovviamente in quel periodo Giovanni fu invitato ad astenersi da qualsiasi passatempo o interesse al di fuori del lavoro. L'unica passione che non volle abbandonare fu il nuoto. Raggiunse quindi un compromesso con la scorta: avrebbe continuato ad allenarsi, a patto di fare esclusivamente qualche bracciata nella piscina comunale all'alba o alla chiusura. Mai in orari di punta.

Al cinema Giovanni rinunciò volontariamente, invece. Si sentiva troppo in imbarazzo nell'obbligare i gestori delle sale a tenergli libere le quattro file davanti e le quattro dietro il posto in cui si sarebbe dovuto sedere lui.

Allo stesso modo dovette eliminare del tutto altre abitudini da uomo libero. Camminare come faceva una volta da casa al Tribunale? Impossibile. Ai passi lenti, silenziosi e piacevoli si sostituirono auto rumorose che sgommavano, lampeggianti, elicotteri e perfino le corse della scorta sulle scale per controllare i piani, se Giovanni raggiungeva l'appartamento in ascensore.

La tensione, però, non impedì mai a mio fratello di lavorare come, se non più di prima. A seguito delle sue indagini, Rosario Spatola fu condannato – insieme con settantacinque esponenti della cosca Spatola-Gambino-Inzerillo – a dieci anni di reclusione, il 6 giugno 1983, ma sarebbe stato arrestato a New York dall'Fbi, in collaborazione con la Polizia italiana, solo nel 1999. In precedenza, per indagare su Spatola avevano già perso la vita il capo della Mobile Boris Giuliano e il capitano dei Carabinieri Emanuele Basile.

Il processo Spatola fu quindi molto delicato, ma rappresentò anche un grande successo per

Giovanni perché venne così universalmente riconosciuto il "metodo Falcone". Si trattava infatti di un approccio rivoluzionario, una sorta di lente d'ingrandimento che permetteva di osservare il fenomeno nel suo insieme e, al tempo stesso, diventava un'arma fondamentale per smantellare i santuari economici sui quali si stavano arrampicando le organizzazioni criminali.

Per le indagini su Spatola, Giovanni si era recato spesso a New York, avviando quella che sarebbe diventata una delle più importanti collaborazioni fra Italia e Stati Uniti nella lotta contro il crimine organizzato.

La prima volta in cui Giovanni entrò nell'ufficio di Rudolph Giuliani fu all'inizio del dicembre 1980. Mi raccontò che rimase stupito dall'efficienza e dai loro strumenti, fra i quali c'era per esempio il computer. Può far sorridere che mio fratello si fosse soffermato proprio su quello che oggi è considerato la base di un lavoro che necessita di appunti, archiviazioni, memorie da consultare velocemente. Ma allora, negli uffici di Palermo, mancava perfino una fotocopiatrice funzionante.

Mio fratello seppe instaurare immediatamente un rapporto di fiducia con Giuliani e con i suoi collaboratori Louis Freeh e Richard Martin, oltre che con gli agenti della Dea e dell'Fbi. Per comprendere le intercettazioni in siciliano stretto, fece arrivare dall'Italia alcuni agenti di polizia. Fu un lavoro intenso che diede i suoi frutti: grazie a questa collaborazione riuscirono a sgominare il traffico dell'eroina nelle pizzerie.

Anche la stampa americana, fra cui lo stesso «The New York Times», seguiva con attenzione questa sinergia e presentava la figura di Giovanni con stima e grandissimo favore. Non smisero mai di parlare di lui, fin oltre il maxiprocesso. In un articolo di «The New York Times» del 7 agosto 1988, dedicato alla magistratura italiana, per esempio, si legge:

I magistrati vogliono una squadra speciale per condurre una guerra senza tregua contro la mafia. Questa visione è supportata da Giovanni Falcone, il pacato pubblico ministero quarantanovenne che ha condotto la maggior parte delle indagini di mafia negli ultimi anni. Il signor Falcone era la forza dietro il "maxiprocesso" di Mafia che ha portato a 338 condanne lo scorso dicembre ed è stato proclamato un trionfo nazionale.[1]

Lo definivano «pacato», ma anche «la forza». Ed era effettivamente così, Giovanni. Non aveva bisogno di chissà quali dimostrazioni plateali per portare avanti il suo lavoro.

In Italia, comunque, dopo il processo Spatola si avvertirono i primi cambiamenti positivi. La città poté vivere così quel periodo definito la «Primavera di Palermo» che ebbe in Leoluca Orlando il suo rappresentante politico di punta dal 1985 al 1990. Era il sindaco ed era un caro amico di Giovanni.

Spesso il "metodo Falcone" viene associato al "teorema Buscetta". Per quella nuova analisi, per la lotta alla mafia, fu infatti fondamentale la collaborazione del primo vero pentito: Tommaso Buscetta, di cui racconterò ampiamente più avanti. Conquistare la sua fiducia e farlo parlare sono state sicuramente fra le vittorie più grandi ottenute da Giovanni. Tut-

---

[1] Roberto Suro, *Anti-Mafia Effort Stumbles in Italy*, in «The New York Times», 7 agosto 1988.

tavia, in Italia gli si ritorsero anche contro, perché alcuni insinuarono che dimostrasse una confidenza eccessiva con un mafioso. Un'accusa che appare ridicola a chiunque abbia conosciuto davvero mio fratello, estremamente controllato e prudente.

Ancora oggi, per esempio, è per me un motivo di grande commozione rivedere, in un filmato di Rai Educational che porto nelle scuole, un verbale scritto da Giovanni di proprio pugno. Usava questa precauzione per tutelare al massimo la segretezza del contenuto dei lavori di cui era unico responsabile.

Ricordo che una volta gli domandai scherzosamente se fosse vero che aveva portato i cannoli a un pentito come Buscetta. Giovanni mi rispose che tra loro non c'era sicuramente un rapporto familiare. Si trattava solo di rispetto reciproco.

Come dichiarò alla giornalista Marcelle Padovani nel libro *Cose di Cosa Nostra*:

Sono stato pesantemente attaccato sul tema dei pentiti. Mi hanno accusato di avere con loro rapporti «intimistici», del tipo «conversazione accanto al caminetto». Si sono chiesti come avevo fatto a convincere tanta gente a collaborare e hanno insinuato che avevo fatto loro delle promesse mentre ne estorcevo le confessioni. Hanno insinuato che nascondevo «nei cassetti» la «parte politica» delle dichiarazioni di Buscetta. [...] La domanda da porsi dovrebbe essere un'altra: perché questi uomini d'onore hanno mostrato di fidarsi di me? Credo perché sanno quale rispetto io abbia per i loro tormenti, perché sono sicuri che non li inganno, che non interpreto la mia parte di magistrato in modo burocratico, e che non provo timore reverenziale nei confronti di nessuno. E, soprattutto, perché sanno che, quando parlano con me, hanno di fronte un interlocutore che ha respirato la stessa aria di cui loro si nutrono.

Anni più avanti, dopo la morte di Giovanni, incontrai Buscetta a Roma, durante la presentazione del suo libro *La mafia ha vinto*.[2] Mi disse, commentando un articolo di giornale in cui si insinuava che lui fosse «amico» di mio fratello: «Magari fossi stato amico di Giovanni Falcone. Lui restò sempre per me il *giudice* Falcone».

[2] Tommaso Buscetta, *La mafia ha vinto*, intervista di Saverio Lodato, Mondadori, Milano 1999.

4

Dopo il sangue, il veleno

«In Sicilia la mafia colpisce i servitori dello Stato che lo Stato non è riuscito a proteggere.»[1]
Giovanni Falcone

Nei primi anni Ottanta il lavoro dei magistrati di Palermo non ebbe mai momenti di pausa.

La stagione delle "morti eccellenti" non si poteva certo dire terminata. Caddero giornalisti, politici, poliziotti, giudici, rappresentanti dello Stato. La mafia non aveva alcuna intenzione di mimetizzarsi. La sua strategia era colpire i propri bersagli, lanciare messaggi e agire come se si trovasse su un campo di battaglia. Uccidevano anche in pieno giorno, in centro.

Il 1982 fu uno degli anni più drammatici nella lotta alla mafia. Si registrarono quasi venti morti nei primi mesi, il doppio che nei precedenti

[1] Giovanni Falcone, con Marcelle Padovani, *Cose di Cosa Nostra*, Rizzoli, Milano 1991.

periodi corrispondenti. Il 30 aprile di quell'anno fu ucciso anche Pio La Torre, segretario regionale del Partito comunista, a cui si deve l'importante legge Rognoni-La Torre, che introdusse il reato di associazione mafiosa. Il 3 settembre fu assassinato il generale Carlo Alberto Dalla Chiesa, insieme con la giovane moglie Emanuela Setti Carraro, mentre si trovavano a bordo della loro auto. Malgrado Dalla Chiesa rivestisse un ruolo così importante e delicato, Giovanni ripeté più volte che non era stato adeguatamente protetto. Che era un uomo solo. Era stato accolto con diffidenza e isolato. Pure lui.

In quell'occasione perse la vita anche Domenico Russo, l'agente di scorta che si trovava nell'auto che seguiva quella del generale.

Il giorno dei funerali, una donna, rivolgendosi ai figli di Dalla Chiesa che si avviavano a casa in taxi, gridò: «Ragazzi, non siamo stati noi!». Traduceva il pensiero della società civile, quella onesta, quella che ancora oggi non vuole essere confusa con i mafiosi. Quella che voleva seguire e appoggiare gli uomini come Dalla Chiesa o come mio fratello. Ed era stanca di vedere quello spargimento di sangue senza che si riuscisse ad arginare il fenomeno mafioso.

Meno di un anno dopo, il 9 luglio 1983, Giovanni, in collaborazione con Chinnici, avrebbe emesso quattordici mandati di cattura per l'omicidio del generale Dalla Chiesa, di sua moglie e dell'agente Russo. Tra i mandanti furono individuati Totò Riina, Bernardo Provenzano, Pippo Calò, Nenè Geraci, Bernardo Brusca e Michele Greco.

A rendere drammatica quella situazione non era solo la "mattanza", ma anche l'invidia che si respirava nei corridoi del Tribunale. Proprio là dove si sarebbe dovuto lavorare compatti e con la massima serietà, si alimentavano sentimenti avversi.

In un diario, Rocco Chinnici aveva iniziato ad annotare ogni giorno i dettagli del suo lavoro. Proprio in queste pagine emergono le prime eclatanti avvisaglie dei veleni che avrebbe dovuto subire Giovanni. Per esempio, Chinnici racconta di come l'allora presidente della Corte d'Appello, Giovanni Pizzillo, procuratore generale di Palermo, fosse preoccupatissimo per gli effetti che avrebbe potuto avere l'attività di Giovanni, il «giovane giudice arrivato da Trapani che sta rovinando l'economia siciliana». Nello stesso diario, il 18 maggio 1982, viene descritto un incontro sconvolgente con Pizzillo. Giovanni doveva essere fermato. Stava "infastidendo" le banche.

> Vado da Pizzillo [...] mi investe in malo modo dicendomi che all'Ufficio Istruzione stiamo rovinando l'economia palermitana disponendo indagini e accertamenti a mezzo della Guardia di Finanza. Mi dice chiaramente che devo caricare di processi semplici Falcone, in maniera che «cerchi di scoprire nulla, perché i giudici istruttori non hanno mai scoperto nulla». Osservo che ciò non è esatto, in quanto sono stati proprio i giudici istruttori di Palermo che hanno inconfutabilmente scoperto i canali della droga tra Palermo e gli Usa e tanti altri fatti di notevole gravità. Cerca di dominare la sua ira ma non ci riesce. Mi dice che verrà a ispezionare l'ufficio (e io invito a farlo); [...] l'uomo che a Palermo non ha mai fatto nulla per colpire la mafia, che anzi con i suoi rapporti con i grossi mafiosi l'ha incrementata [...] Pizzillo ha insabbiato tutti i processi nei

quali è implicata la mafia. Non sa più nascondere le sue reazioni e il suo vero volto. Mi dice che la dobbiamo finire, che non dobbiamo più disporre accertamenti nelle banche.

Per tutti e quattro gli anni di stretta collaborazione, i rapporti tra mio fratello e Chinnici furono ottimi. Erano entrambi seri, schivi, e stavano ottenendo risultati non solo concreti ma anche, per certi versi, rivoluzionari, come dimostrò l'applicazione del metodo che portò al processo Spatola.

Da allora, fino al maxiprocesso, Giovanni avrebbe lavorato intensamente ed esteso le proprie indagini a largo raggio seguendo il percorso del denaro. In questa fase ebbe sempre accanto a sé il poliziotto Antonino, detto Ninni, Cassarà. Si erano conosciuti a Trapani, ma erano diventati inseparabili da quando si erano poi ritrovati a Palermo. Cassarà aveva qualche anno meno di Giovanni, ma sembravano legati da sempre, e a unirli erano soprattutto le inchieste e le piste che seguivano, seppure con ruoli differenti. Sarebbe stato anche grazie al *Rapporto dei 162*, una mappa del crimine organizzato stilata da Cassarà in collaborazione con i Carabinieri, che Giovanni e Paolo Borsellino avrebbero avuto sufficiente materiale per avviare il maxiprocesso.

Giovanni diceva sempre – e lo scrisse anche nel libro *Cose di Cosa Nostra* – che Ninni era il suo migliore amico e uno «splendido investigatore, oltre che un profondo conoscitore della mafia».

Purtroppo, in questo periodo così proficuo per le indagini, la mafia decise di attaccare dando un segnale inequivocabile e colpendo proprio chi aveva voluto creare il pool. Il 29 luglio 1983, alle otto del mattino, Rocco Chinnici uscì di casa in via Pipitone Federico. Si avvicinò alla sua auto di servizio, mentre, non molto distante, Antonino Madonia azionava un detonatore facendo saltare in aria una Fiat 126 imbottita di esplosivo. Chinnici aveva cinquantotto anni. Morirono con lui il maresciallo dei Carabinieri Mario Trapassi e l'appuntato Salvatore Bartolotta che costituivano la sua scorta, e anche il portiere dello stabile di via Pipitone Federico, Stefano Li Sacchi.

Sempre nel libro *Cose di Cosa Nostra*, Giovanni affermò, a proposito di Chinnici: «Competente e coraggioso, proteggeva la propria persona rigorosamente e con grandi sacrifici personali, con scorta e auto blindata. Sì, Rocco Chinnici è il morto più naturale, più normale, l'eccezione che conferma la regola: nella guerra che lo contrapponeva alla mafia, pur adoperando strategie ineccepibili, è caduto in trappola e ha perso la sua battaglia. La mafia si è dimostrata più abile e più forte di lui».

Dopo tutti questi anni di intensa collaborazione fu inizialmente per Giovanni una grossa sorpresa e un grande dolore scoprire dai giornali che Chinnici, nei suoi appunti, pubblicati *post mortem* dalle agenzie nazionali di stampa, avesse annotato alcuni dubbi sul suo comportamento o su iniziative non concordate insieme.

Inoltre, proprio per queste affermazioni contenute negli appunti, mio fratello fu chiamato a rispondere davanti al Csm. Per fortuna poté respingere tali accuse dimostrando che aveva agito correttamente.

Giovanni spiegò più volte che la sua tecnica era quella di incriminare gli indagati solo quando aveva delle prove che potessero resistere in dibattimento, perché rinviare a giudizio una persona destinata all'assoluzione significava attribuirle «un attestato di innocenza» che sarebbe stato difficile contestare in seguito. Mio fratello era prudente. Non voleva commettere passi falsi.

«Un magistrato» ci diceva sempre Giovanni «ha sopra tutto la responsabilità di non incriminare le persone solo per le sue convinzioni, ma in base a prove inconfutabili.»

Anche a seguito di questo increscioso episodio, sicuramente mal interpretato e contestualizzato, Giovanni mi disse un giorno che lui non avrebbe lasciato appunti che potessero essere letti in maniera distorta dopo la sua morte.

Ricordo che, leggendo per la prima volta gli appunti di Chinnici, Giovanni pianse. Di rabbia. Perché capì che quegli scritti erano stati usati dai giornalisti, i quali avevano deciso di pubblicarli per strumentalizzarli, quando invece era già stato largamente chiarito tutto e sciolto ogni nodo.

Eppure ormai i giornali stavano speculando e insinuando dubbi. Quasi come se qualcuno vo-

lesse mettere in discussione equilibri e collaborazioni salde, nonché dimostrare, a chi sosteneva il
lavoro del loro gruppo, che neppure chi serviva
lo Stato era senza macchia.

Quanta amarezza colse Giovanni. Non solo
doveva piangere la morte di un amico, ma anche
difendersi dalle accuse. Nostra madre guardava
in televisione suo figlio difendersi. Noi tutti sapevamo che quanto stava succedendo era ingiusto.
Profondamente ingiusto, anche per il valore del
lavoro e della memoria di un uomo come Rocco
Chinnici.

5

Francesca, la donna con la toga

«Della vita non bisogna temere nulla. Bisogna solo capire.»

Marie Curie

Il lavoro di Giovanni andava molto bene, e anche nella sua vita sentimentale apparve una luce. Subito dopo la separazione da Rita, mi aveva detto che mai più avrebbe costruito un legame serio perché l'amore lo aveva deluso. Ma una donna arrivò a smantellare quella sua certezza.

Si chiamava Francesca Morvillo ed era anche lei un magistrato. Tutti nella sua famiglia lo erano, pure suo fratello Alfredo. Francesca sarebbe stata l'unico magistrato donna ucciso in Italia.

Giovanni aveva conosciuto Francesca a casa di amici comuni a Palermo, quando Rita era ancora al suo fianco alla fine del 1979. Ma soltanto un anno dopo, ormai rimasto solo, cominciò a frequentarla più assiduamente. Allora Francesca lavorava alla Procura dei minori. Era una donna

bella, intelligente, preparatissima. All'università
aveva avuto quasi tutti trenta e lode: solo tre trenta senza lode. Era diversa da Rita, ma ugualmente
affascinante: bionda, alta, magra. Non si poteva non notarlo, anche se in famiglia non facemmo mai confronti fra lei e Rita. E nostra madre,
nell'ultimo periodo della sua vita, si sentì molto
risollevata nel sapere che accanto a Giovanni c'era
nuovamente una donna. E che donna!

Francesca riuscì a fugare i fantasmi del passato e a riaccendere in mio fratello la speranza di
un rapporto solido. Seppe farlo con discrezione
e sensibilità.

Entrambi erano usciti spezzati dai precedenti matrimoni. Il loro fu quindi l'incontro di due
persone adulte che individuavano finalmente
l'uno nell'altra una comunione di valori, di interessi culturali e di responsabilità.

Se con Rita Giovanni non era riuscito ad avere
figli, con Francesca, consapevole dei rischi della
professione, decise di rinunciarvi. Sarebbe stato impensabile sognare un futuro sereno, anche
perché Giovanni stava entrando in uno stato di
completa privazione di libertà, murato in casa o

nel bunker del Palazzo di Giustizia, costretto a vivere con una scorta inimmaginabile, che non gli lasciava alcuno spazio di privacy. In quella fase, la sua era una vita intrisa di sacrifici e scandita dalle strategie. Nulla veniva lasciato al caso, né addolcito dagli imprevisti che una coppia normale avrebbe volentieri gestito. Giovanni e Francesca non si muovevano quasi mai insieme per non dare nell'occhio. Dovevano prevedere con grande precisione e anticipo ogni loro minimo spostamento.

D'altro canto, la routine era fittissima. Giovanni si svegliava molto presto, andava al lavoro e, anche quando tornava a casa, dopo cena riprendeva le sue carte. Nonostante ciò, il rapporto fra lui e Francesca si consolidò sempre di più, fino alla decisione, nell'estate del 1983, di convivere nella casa di via Notarbartolo. Fu la sua ultima abitazione palermitana, quella dove ancora oggi persone da tutto il mondo arrivano per porre un bigliettino sul tronco dell'Albero Falcone, che è diventato il simbolo della rinascita civile della società palermitana.

Proprio nel periodo del trasferimento nella

nuova casa ci fu però un nuovo trauma in famiglia. Anche la mamma morì. Aveva avuto un infarto già l'anno prima e non si era mai ripresa del tutto. Il suo cuore cedette il 1° ottobre 1983. Due mesi dopo l'omicidio del giudice Chinnici. Pure in quella occasione, Giovanni, come quando mancò nostro padre, non ci lasciò entrare dentro i suoi pensieri più intimi e dolorosi, ma potemmo solo immaginare il suo stato d'animo.

Francesca divenne un ponte fra noi e la sua riservatezza. Ci avvisava, rassicurandoci, dei movimenti suoi o di quelli di Giovanni.

Era lei che ricordava le varie date dei compleanni familiari, e riusciva sempre a individuare il regalo che avrebbe fatto più piacere. La sua sensibilità le permetteva di capire i desideri dei nostri ragazzi. Giovanni poi arrivava sempre sorridente e, con una frase ironica, diceva che la scelta del regalo era stata difficile, ma alla fine azzeccata.

Allora, però, alcuni condomini non erano per nulla contenti di avere mio fratello come vicino di casa. Erano spaventati e, mortificando Giovanni e Francesca, non si trattennero dal denunciarlo pubblicamente, come si poté leggere sul «Giornale di Sicilia» il 14 aprile 1985:

Sono una onesta cittadina che paga regolarmente le tasse e lavora otto ore al giorno. Vorrei essere aiutata a risolvere il mio problema che, credo, sia quello di tutti gli abitanti della medesima via. Regolarmente tutti i giorni (non c'è sabato e domenica che tenga), al mattino, durante l'ora di pranzo, nel primissimo pomeriggio e la sera (senza limiti di orario) vengo letteralmente "assillata" da continue e assordanti sirene di auto della polizia che scortano i vari giudici. Ora io domando: è mai possibile che non si possa, eventualmente, riposare un poco nell'intervallo del lavoro o, quantomeno, seguire un programma televisivo in pace, dato che, pure con le finestre chiuse, il rumore delle sirene è molto forte? Mi rivolgo al giornale, per chiedere perché non si costruiscono per questi "egregi signori" delle villette alla periferia della città, in modo tale che, da una parte sia tutelata la tranquillità di noi cittadini-lavoratori, dall'altra, soprattutto, l'incolumità di noi tutti che, nel caso di un attentato, siamo regolarmente coinvolti senza ragione (vedi strage

Chinnici). Non mi si venga a dire di cambiare appartamento (e quindi via), perché credo che sia un sacrosanto diritto di ogni cittadino abitare dove meglio crede, senza, però, doverne subire conseguenze facilmente evitabili.

Patrizia Santoro

Nonostante queste vicissitudini, Giovanni e Francesca si sposarono. Le chiacchiere sui loro precedenti matrimoni non li avevano di certo risparmiati ma, sei anni dopo essersi incontrati, e in seguito ai rispettivi divorzi, decisero di ufficializzare la loro unione. A maggio del 1986, in un pomeriggio di sole, vennero uniti in matrimonio da Leoluca Orlando al municipio di Palermo. Per una pura coincidenza la cerimonia si tenne accanto al busto dello zio Bonanno. I testimoni furono un'amica di Francesca e, per Giovanni, il giudice Antonino Caponnetto.

Erano talmente riservati che Giovanni non diede pubblicamente notizia delle nozze. Nemmeno noi familiari fummo presenti al matrimonio. Raggiungemmo gli sposi la sera e festeggiammo con una cena a casa loro, insieme con Caponnetto, la madre e il fratello di Francesca, Alfredo, noi sorelle e i rispettivi ragazzi.

A Giovanni piaceva molto stare con i nostri figli, anche perché si confrontava con loro per capire le nuove generazioni. A tavola sceglieva spesso di sedersi accanto a loro, e ne approfittava per chiacchierare sui loro studi e sui loro interessi. Ma soprattutto poneva delle domande che gli permettevano di capire gli umori della città, aspetto che gli mancava data la sua vita di scortato numero uno. Quelle conversazioni sembravano gli unici momenti in cui staccava dal lavoro e dalle sue preoccupazioni.

6

Avanti, senza pensare alla paura

«Mi ha favorevolmente impressionato l'informazione che vi è spesso nei giornalisti esteri in ordine ai problemi che apparentemente riguarderebbero solo l'Italia.»

Giovanni Falcone

Alla morte di Rocco Chinnici il Csm nominò, al suo posto, Antonino Caponnetto, magistrato originario di Caltanissetta, che però aveva lungamente lavorato a Firenze ed era prossimo alla pensione. In breve tempo Caponnetto instaurò uno splendido rapporto con Giovanni e Paolo. Assieme a loro, e ai magistrati Giuseppe Di Lello e Leonardo Guarnotta, costituì il pool antimafia. Era una squadra che lavorava per un ambizioso obiettivo: colpire al cuore l'organizzazione mafiosa.

Il primo vero pentito di mafia – colui che con le proprie affermazioni avrebbe smantellato l'organizzazione –, Tommaso Buscetta, la descrisse come unita, compatta e dotata di una struttura verticistica. Al tempo stesso, però, fornì gli elementi per spogliarla di quella corazza che la rendeva impenetrabile o che almeno la faceva apparire tale alla percezione collettiva di quegli anni.

Buscetta era nato il 13 luglio 1928 da una famiglia poverissima e, dopo essere diventato un boss a Palermo, aveva trasferito i suoi loschi affari in Sudamerica, costruendo un impero grazie al traffico internazionale di stupefacenti. Si era rifugiato infatti a Buenos Aires e a Rio de Janeiro durante gli anni Sessanta, abbandonando la prima guerra di mafia. Anche per questo era stato soprannominato il «boss dei due mondi».

Nei primi anni Ottanta, l'ascesa dei corleonesi diede, però, l'avvio a una nuova stagione mafiosa che scatenò una seconda faida. In questo periodo Totò Riina ordinò di sterminare la famiglia Buscetta. Due figli di Tommaso scomparvero nel nulla, vittime della lupara bianca e a loro si aggiunsero un fratello, un genero, un cognato e quattro nipoti. Non veniva perdonato loro di appartenere allo schieramento opposto.

Nell'ottobre 1983 Buscetta fu arrestato in Brasile. Giovanni e il collega Vincenzo Geraci si precipitarono a San Paolo per convincerlo a collaborare, ma lui, in quella prima fase, si rifiutò. Fu comunque richiesta l'estradizione in Italia e Buscetta, per sottrarsi agli interrogatori, tentò il suicidio. Quando nel 1984 giunse comunque nel nostro Paese, fu proprio Giovanni a indurlo a collaborare.

Buscetta, prendendo le distanze dalla mafia, cominciò a rivelare a mio fratello la struttura della Cupola che, fino a quel momento, era completamente sconosciuta. Nei mesi successivi fu poi estradato negli Stati Uniti dove, in cambio di rivelazioni sulle attività mafiose oltreoceano, ottenne la libertà vigilata e una nuova identità.

Per Giovanni le testimonianze di Buscetta furono rivoluzionarie. Squarciarono un velo, delineando i riti di iniziazione degli affiliati, le gerarchie, gli interessi. Fu finalmente possibile costruire l'enorme impianto processuale, nell'ambito del quale sarebbero poi state confermate o ridiscusse le accuse in base alle deposizioni di altri testimoni.

Purtroppo Giovanni – nonostante questo suo lavoro prezioso e senza precedenti – dovette subire critiche da parte di coloro che insinuavano che fosse strano ed eccessivamente confidenziale il rapporto che era riuscito a instaurare con Buscetta e con i pentiti. In più occasioni cercò di spiegarsi, come fece anche con Marcelle Padovani durante la stesura del libro *Cose di Cosa Nostra*. Dichiarò: «La parola pentitismo non mi piace. Più dissociazione. Fenomeno utile. Con una specifica regolamentazione adeguata».

Giovanni non era certo amico dei pentiti! Lo era invece, senza dubbio, dei magistrati del pool. E lo era anche profondamente di Cassarà. Con lui, anzi, formava una coppia eccezionale, dove andavano a coniugarsi l'intuito investigativo di Ninni e la valutazione razionale di Giovanni.

In quegli anni, comunque, i giudici del pool non ebbero un solo momento di riposo. Erano instancabili. Passavano ore e ore chiusi nei loro uffici: entravano con le prime fioche luci del giorno e uscivano con il buio.

Ninni Cassarà testimoniò al processo per l'omicidio di Chinnici e, otto mesi dopo la sua deposizione, Giovanni inviò un mandato di arresto per i cugini Nino e Ignazio Salvo.

In quella stessa epoca, dopo l'omicidio di
Chinnici, l'amico di Ninni Giuseppe Montana,
commissario della Squadra mobile di Palermo,
gli fece una confidenza che avrebbe assunto il
sapore di una premonizione: «A Palermo siamo
poco più di una decina a costituire un reale pericolo per la mafia. E i loro killer ci conoscono
tutti. Siamo bersagli facili, purtroppo. E se i mafiosi decidono di ammazzarci tutti, possono farlo
senza difficoltà».

Così accadde. Il 28 luglio 1985 fu ucciso proprio Beppe Montana, mentre passeggiava con la
fidanzata a Santa Flavia, il giorno prima di partire per le ferie. In quel momento Ninni Cassarà
capì che il prossimo sarebbe stato lui. «Dobbiamo
convincerci che siamo uomini morti che cammi-
nano» ebbe a dire.

E infatti, il 6 agosto 1985, gli spararono sotto
casa. Duecento colpi di kalashnikov. Il primo a
morire non fu lui, bensì l'agente di scorta Roberto
Antiochia. Cassarà sarebbe caduto pochi secondi
più tardi mentre correva, ferito, sulle scale di casa.
Successe sotto gli occhi della moglie e della figlia
che gli si stavano precipitando incontro.

In meno di dieci giorni, dunque, furono uccisi tre agenti della polizia senza che nessuno potesse proteggerli. Si erano ritrovati soli con le loro condanne annunciate e non fecero in tempo a vedere l'apertura di quel processo per il quale si erano sacrificati lavorando duramente. Tanti loro colleghi, in quel periodo, chiesero il trasferimento ad altra sede.

Qualcuno paragonò quella situazione all'inferno del Bronx, altri la definirono «mattanza». Era la Palermo in cui ostinatamente continuavano a lavorare giudici, scorte, ispettori, giornalisti. E mio fratello.

Giovanni soffrì moltissimo per la morte di Cassarà, e in quell'occasione mi disse: «Il destino si accanisce contro di me. Sono stato costretto a mettere i piedi sul sangue del mio amico più caro».

Come sempre, però, il dolore non fermò il suo lavoro, che anzi sarebbe andato avanti con una motivazione ancora più forte: "vendicare Ninni".

La città accusò il colpo della strage Cassarà, ma non manifestò quella partecipazione attiva che la società civile avrebbe dovuto dimostrare. Per noi familiari fu invece un trauma indescrivibile: non ci azzardavamo a parlarne, non solo con Giovanni, ma neanche in sua assenza, quasi a voler esorcizzare la paura. In particolare, ricordo la sensazione di un dolore quasi fisico che già mi preparava a eventi ancora più dolorosi. Giovanni non faceva commenti; soltanto dopo ho capito che la sua preoccupazione era grandissima e che sperava di rassicurarci con la sua ostentata serenità.

Dopo l'omicidio dei tre poliziotti nell'estate del 1985, la paura che Giovanni e Paolo potessero essere ormai bersaglio facile e prossimo per la mafia indusse le autorità a mandarli, con le famiglie, presso il carcere dell'Asinara. Lì avrebbero potuto concludere l'istruttoria e preparare il rinvio a giudizio dei quattrocentosettantacinque imputati.

Fu un vero trauma apprendere questa notizia. Ricordo quel giorno come fosse ora: Giovanni mi chiamò per telefono, verso l'ora di pranzo, per chiedermi di andarlo a trovare subito a casa. Preoccupatissima, mi precipitai da lui ed ebbi conferma dei miei timori. Con la sua usuale calma e pacatezza, mi disse che gli organi istituzionali preposti alla tutela sua e di Borsellino, avendo valutato attentamente la situazione, avevano deciso che a Palermo non erano in quel momento in grado di assicurare la loro sorveglianza e avevano scelto di trasferirli al carcere dell'Asinara. Poi aggiunse, sempre senza far trapelare la sua preoccupazione, che aveva chiesto agli stessi organi competenti se non fosse il caso di assegnare una sorveglianza particolare a noi familiari che saremmo rimasti in Sicilia. Gli era stato tuttavia risposto che era meglio non attirare l'attenzione della mafia.

Il mio ritorno a casa fu tremendo perché mi rendevo conto del pericolo che incombeva su Giovanni, ma ero anche angosciata per i miei figli, ragazzini che andavano a scuola da soli e che non avevo alcuna possibilità di difendere. L'unico modo per sopravvivere era far finta di niente, ma da quel momento la mia vita fu una continua ansia: ogni minimo ritardo al rientro dalla scuola, dalla palestra o da casa di amici divenne per me un incubo.

Al termine del lavoro, Giovanni e Paolo tornarono a Palermo. Il colmo fu che dovettero pagare le spese sostenute durante il soggiorno all'Asinara da loro e dalle famiglie nella foresteria di Cala d'Oliva, una casa di mattoni rossi a destra del porto. Come se si fosse trattato di una vacanza! È scandaloso che proprio lo Stato chiedesse soldi a due fra i suoi maggiori difensori.

Il processo penale iniziò a Palermo il 10 febbraio 1986. Sarebbe stato battezzato «maxiprocesso» e avrebbe subìto diverse critiche, più o meno velenose, da parte di vari studiosi di diritto, i quali però, a mio giudizio, non si rendevano conto che tale procedura era necessaria se si voleva costruire un'accusa inconfutabile. Per poter celebrare il processo fu anche necessario creare un'aula particolare che permettesse a tutti i quattrocentosettantacinque imputati di essere presenti. Quest'aula fu fatta costruire in soli sei mesi da Liliana Ferrero, un magistrato di Grazia e Giustizia che tutti ricordano perché sarà poi con Giovanni nell'Ufficio degli Affari Penali e gli succederà dopo la morte.

Fu un processo incredibile, in cui successero cose mai viste. Un teste, come racconta Pietro

Grasso nel libro *Per non morire di mafia*,[1] si cucì la bocca con due punti metallici, altri rispondevano ostinatamente: «Signor presidente, sono estraneo», un altro ancora si denudò completamente cercando di passare per pazzo. Nel tentativo di ritardare le udienze, c'era chi ingoiava bulloni di acciaio per far scattare il metal detector. Luciano Liggio, invece, si lamentava di non riuscire a sentire le parole del presidente così da far spesso aggiornare le sedute. Anche gli avvocati fecero la loro parte, iniziando una battaglia durissima: pur di ritardare chiedevano la lettura integrale di tutti gli atti.

Ciononostante, si sarebbero riuscite a ottenere le confessioni di omicidi dalle modalità più efferate, con strangolamenti e scioglimenti di corpi nell'acido.

E, alla fine, Michele Greco non ebbe altra arma che accompagnare il ritiro dei giudici in camera di consiglio augurando loro «la pace, perché la pace è la tranquillità e la serenità dello spirito e della coscienza»!

---

[1] Pietro Grasso, con Alberto La Volpe, *Per non morire di mafia*, Sperling & Kupfer, Milano 2009.

7

Frecciate dai giornali

«Mafia. Credo sia importante parlarne e parlarne correttamente.»

Giovanni Falcone

Al termine del maxiprocesso, i giudici entrarono in camera di consiglio l'11 novembre 1987. Ci sarebbero rimasti per trentacinque giorni, in un assoluto isolamento dal mondo.

Tornarono il 16 dicembre nell'aula bunker, dopo aver indagato su più di quattrocento persone. Il loro lavoro si concluse con diciannove ergastoli, un totale di duemilaseicentosessantacinque anni di carcere, undici miliardi e mezzo di lire di multe e centoquattordici assoluzioni.

Il giudizio in Appello, due anni dopo, avrebbe ridimensionato le responsabilità della Cupola. Il 30 gennaio 1992, la Corte di Cassazione avrebbe invece confermato in pieno l'impianto accusatorio di Falcone e Borsellino. Fu la prima sentenza storica di condanna a Cosa Nostra a passare in giudicato.

A vent'anni di distanza questa è per me la maggiore consolazione nel dolore immenso della perdita di Giovanni. La certezza che il suo lavoro e il suo sacrificio abbiano avuto un riscontro concreto e definitivo mi ha spesso aiutato a guardare avanti e mi ha incoraggiato nella mia attività di questi ultimi anni.

Giovanni ricevette la notizia della sentenza della Cassazione mentre si trovava a Roma. Mi chiamò perché sarebbe rientrato a Palermo soltanto una settimana dopo. Era molto soddisfatto. Aveva avuto la conferma delle sue tesi, di quel teorema che qualcuno chiamò il «teorema Falcone».

Comunque, al termine del processo di primo grado, nel 1987, il successo di mio fratello e di Borsellino non fu accolto da tutti nel modo in cui entrambi si sarebbero aspettati. Numerose firme del giornalismo indirizzarono le proprie critiche contro un "certo tipo di antimafia" che diventava addirittura moda o in altri casi spettacolo.

D'altro canto, già nei mesi precedenti non erano mancate le polemiche. Per esempio, sul «Giornale di Sicilia» del 16 novembre 1986 fu pubblicato un articolo dal titolo *Se la lotta alla mafia diventa un grande spettacolo*, in cui si leggeva: «Sul maxiprocesso di Palermo e le polemiche che stanno scuotendo il mondo giudiziario riceviamo e volentieri pubblichiamo un intervento dell'onorevole Guido Lo Porto, deputato nazionale del Msi e membro della Commissione antimafia. [...] "Sui grandi processi alla mafia si è dovuto riscontrare non la grandezza di istruttorie mirate e ricche di prove, ma l'ampollosità di messinscene dimostrative, destinate a polverizzarsi sotto i colpi di quel po' che è rimasto dello stato di diritto: il processo Tortora presenta tutti gli aspetti di una crisi epocale della capacità dello Stato di svolgere la più peculiare e mirabile delle sue funzioni di erogatore di Giustizia; non da meno il processo Chinnici e, da ultimo, il processo sulla strage di piazza Scaffa a Palermo. Intendiamoci, non vogliamo indugiare al mito dell'infallibilità dello Stato, anche se propendiamo per la tesi che una presunzione di autorità è sempre preferibile alla ostentazione d'impotenza; ma in questi tristi tempi appare sempre presente – nelle vicende giudiziarie – più che la funzione propriamente statuale, il delirio protagonistico di sottocorpi sociali, tesi verso la realizzazione di una Giustizia vendicativa o – peggio ancora – di una manovra propagandistica"».

Appena concluso il maxiprocesso, Leonardo Sciascia pubblicò sul «Corriere della Sera» del 10 gennaio 1987 uno degli articoli che, nella sua interpretazione, divise maggiormente l'opinione pubblica. Nella terza parte dell'articolo Sciascia accusava una certa parte dell'antimafia di occuparsi più del proprio ruolo che delle indagini, per aumentare il proprio potere personale: in quest'ottica li definiva i «professionisti dell'antimafia». La mafia veniva dunque utilizzata, secondo Sciascia, come strumento per raggiungere il potere. Per l'appunto.

Scriveva Sciascia, stigmatizzando il fatto che Borsellino avesse ottenuto la nomina di procuratore capo di Marsala "scavalcando" un collega più anziano, come riportato da un passo del «Notiziario straordinario» del Csm: «[...] Passo che non si può dire un modello di prosa italiana, ma apprezzabile per certe delicatezze come "la diversa anzianità", che vuol dire della minore anzianità del dottor Borsellino, e come quel "superamento" (pudicamente messo tra virgolette), che vuol dire della bocciatura degli altri più anziani e, per graduatoria, più in diritto di ottenere quel posto. Ed è impagabile la chiosa con cui il relatore interrompe la lettura della proposta, in cui spiega che il dottor Alcamo, che par di capire fosse il primo in graduatoria, è "magistrato di eccellenti doti", e lo si può senz'altro definire come "magistrato gentiluomo", anche perché con schiettezza e lealtà ha riconosciuto una sua lacuna "a lui assolutamente non imputabile": quella di non essere stato finora incaricato di processi di mafia. Circostanza "che comunque non può essere trascurata", anche se non si può pretendere che il dottor Alcamo "pietisse l'assegnazione di questo tipo di procedimenti, essendo questo modo di procedere tra l'altro risultato alieno dal suo carattere". E non sappiamo se il dottor Alcamo questi apprezzamenti li abbia quanto più graditi rispetto alla promozione che si aspettava.

«I lettori, comunque, prendano atto che nulla vale più, in Sicilia, per far carriera nella magistratura, del prender parte a processi di stampo mafioso. In quanto poi alla definizione di "magistrato gentiluomo", c'è da restare esterrefatti: si vuol forse adombrare che possa esistere un solo magistrato che non lo sia?»[1]

L'identificazione di Paolo fra i criticati professionisti dell'antimafia fu strumentalizzata. L'intellettuale Sciascia, apprezzato per le sue analisi sul fenomeno mafioso, si riferiva a ben altri ruoli. A quelli politici, per esempio.

Non tutti poi sanno che Borsellino e Sciascia avrebbero chiarito un anno dopo le loro posizioni, come riferì più di recente anche la vedova Agnese Borsellino durante un'intervista rilasciata ad Attilio Bolzoni su «la Repubblica» il 28 dicembre 2006.

Agnese raccontò di un incontro fra lei, Paolo, Sciascia e la moglie Maria Andronico, in un

---

[1] Leonardo Sciascia, *I professionisti dell'antimafia*, in «Corriere della Sera», 10 gennaio 1987.

ristorante, un anno dopo quel 10 gennaio. Pranzarono e risero insieme: «Paolo chiamava Sciascia maestro, era felice. Gli disse: "Ho capito la mafia sui suoi libri". Si misero a chiacchierare, è come se si conoscessero da sempre. Non è vero che in quella occasione ci fu una riconciliazione. Non è vero perché fra i due non ci fu mai una frattura, nemmeno quando uscì quell'articolo. [...] Dopo Marsala non si videro più, anche se so che prima di morire Leonardo avrebbe voluto salutarlo».[2]

Purtroppo gli articoli citati non furono gli unici. Qualche giorno dopo arrivò la nuova falciata. Il 20 gennaio 1987 Lino Jannuzzi scrisse che l'antimafia stava diventando un fenomeno di moda. Nell'articolo *Ma discutiamo di cos'è la mafia*, pubblicato sul periodico «Il Sabato», si leggeva infatti: «Alle radici della moda dell'antimafia – e che l'antimafia sia di moda è pacifico, anche se è una moda più dilettantesca che professionistica e più impotente che potente – c'è un paradosso: che

---

[2] Attilio Bolzoni, *Quel "j'accuse" di Sciascia*, in «la Repubblica», 28 dicembre 2006.

mai ci fu tanta antimafia quando c'era tanta più mafia, o almeno tanto più conosciuta».

La strategia messa in atto dai giornali fu devastante. Soprattutto una.

Il peggiore articolo per Giovanni fu quello scritto da Jannuzzi sul «Giornale di Napoli»: *Cosa Nostra uno e due*. Era il 1991. Era in ballo la nomina di Giovanni per la Procura nazionale antimafia e di De Gennaro come capo della Dia. Jannuzzi scrisse che mio fratello e De Gennaro erano i maggiori responsabili della débâcle dello Stato di fronte alla mafia. La cosa peggiore – che forse nessun nemico avrebbe mai potuto dirgli, con un minimo di coscienza e conoscenza storica – fu che bisognava guardarsi da «due Cosa Nostra, quella che ha la Cupola a Palermo e quella che sta per insediarsi a Roma... Sarà prudente tenere a portata di mano il passaporto».

Simili scritti, credo non si potranno perdonare mai.

8

L'uomo giusto e la fine del pool

«La mente non è un vaso da riempire, ma un
legno da far ardere perché s'infuochino il gusto
della ricerca e l'amore della verità.»

Plutarco

Paolo Borsellino venne nominato procuratore della Repubblica di Marsala e il 19 dicembre 1986 si insediò nella nuova procura. Il Csm aveva accolto la sua richiesta di trasferimento e, come abbiamo visto, la sua fu una nomina molto discussa perché gli fu affidato l'incarico in base ai meriti professionali e alla preparazione acquisita, senza tener conto dei criteri di anzianità.

Paolo non faceva più parte del pool. Al suo posto subentrarono nel gruppo tre giudici istruttori: Ignazio De Francisci, Gioacchino Natoli e Giacomo Conte.

Giovanni capì benissimo la necessità anche familiare di questa scelta. E i loro rapporti non mutarono.

Ma questo non fu l'unico cambiamento. Anche Antonino Caponnetto, raggiunti i limiti d'età, si apprestava a lasciare l'incarico. Alla sua sostituzione vennero candidati, fra gli altri, mio fratello e Antonino Meli, magistrato di Cassazione e presidente di sezione della Corte d'Appello di Caltanissetta.

Nel plenum del Csm del 19 gennaio 1988, Meli fu eletto consigliere istruttore con quattordici voti a favore. Meli fu considerato più "giusto" di mio fratello per quell'incarico. Il vicepresidente del Csm, Cesare Mirabelli, chiarì che cosa intendesse per «uomo giusto al posto giusto» con queste parole: «L'uomo giusto non è, pertanto, quegli che si prospetta in ipotesi, preliminarmente, il più idoneo alla copertura di un determinato posto, volta per volta oggetto di concorso, nel quale le qualità professionali vengano commisurate anche alle specificità ambientali, ma innanzitutto quello scelto con criteri giusti, e cioè legittimi. [...] Su tali premesse, e ritornando sui binari della valutazione comparativa, va ribadito che il dott. Meli per il suo curriculum professionale si prospetta più che adeguato ai delicati compiti già accennati, secondo le oggettive emergenze del suo fascicolo, rappresentate dai vari pareri redatti in occasione delle fasi di progressione in carriera». Giovanni accettò sempre la volontà del Csm che lui riteneva una specie di "Vangelo". Da questo emerge, ancora una volta, il profondo spirito che animava mio fratello, vero servitore dello Stato.

Dopo questa motivazione il vicepresidente Mirabelli non poté esimersi dallo specificare che, nonostante la decisione presa, nessuno poteva negare i meriti di Giovanni: «Se innegabili e particolarissimi sono i meriti acquisiti da questo ultimo nella gestione razionale, intelligente ed efficace – animata da una visione culturale profonda del fenomeno criminale in oggetto e da un coraggio e da una abnegazione a livelli elevatissimi – dei compiti istruttori attinenti ai più gravi processi per la repressione della criminalità mafiosa (per i quali può richiamarsi in sintesi il contenuto della comunicazione agli atti del consigliere istruttore del 17 luglio 1987), tuttavia, queste notazioni non possono essere invocate per determinare uno "scavalco" di sedici anni circa».

A distanza di tanti anni posso affermare con serenità che dietro queste verità ufficiali ci fu una
vera congiura di palazzo, portata avanti da alcuni magistrati i cui nomi sono stati fatti in varie
circostanze e che non nomino perché non sono
abituata a emettere sentenze. Avverto ancora una
profonda ferita, non solo per il grande dolore che
questa scelta del Csm provocò in Giovanni, ma
anche perché produsse danni inimmaginabili al
progredire delle indagini.

L'atmosfera era tesa e la mafia approfittò di questo momento di vulnerabilità. Il 12 gennaio era
stato ucciso l'ex sindaco di Palermo, Giuseppe
Insalaco, in carica per soli tre mesi dal 17 aprile al
13 luglio 1984. La sua "colpa" era stata quella di
denunciare la presenza della mafia nella politica
palermitana, facendo i nomi di Vito Ciancimino
e del suo entourage. Al cospetto della Commiss-
sione antimafia, il 3 ottobre 1984 Insalaco aveva
dichiarato: «Non sono un democristiano pentito,
ma sono venuto qui per dire quello che penso
della Dc palermitana, degli affari, dei grandi appalti, di Ciancimino, dei perversi giochi che mi

hanno costretto alle dimissioni dopo appena tre mesi».

Nel gennaio 1988, dunque, Meli si insediò e smantellò ufficialmente il pool.

Fu quello il momento in cui tutti i poteri forti che – dall'esterno – avevano interesse a coprire Cosa Nostra capirono che bisognava togliere a Giovanni la possibilità di andare avanti. Quegli "intrighi di corte" non riuscirono comunque a mettere al tappeto mio fratello che, anche se in un clima diverso da quello che aveva alimentato Caponnetto, continuava a tessere le fila delle sue indagini.

La principale colpa di Meli fu, a mio avviso, quella di attaccare un principio fondamentale che Giovanni e Paolo avevano portato avanti nel maxiprocesso: coordinare fra loro i vari procedimenti mafiosi in maniera da avere una visione d'insieme più completa possibile. Egli invece spezzettò i processi in vari tronconi, trattandoli come se fossero delitti commessi da varie bande e non da quella immensa organizzazione criminale che era Cosa Nostra.

Mentre accadevano tali fatti, Paolo continuava da Marsala a seguire i problemi di Palermo. In un'intervista di Attilio Bolzoni, pubblicata da «la Repubblica» il 20 luglio 1988, denunciava la fine del pool antimafia di Palermo. Nell'articolo, intitolato *Lo Stato si è arreso. Del pool antimafia sono rimaste macerie*, Paolo dichiarava: «Si è arrivati a delle scelte sbagliate. Non intendo riaprire polemiche sulla nomina del consigliere Meli, ma il problema era un altro: si doveva nominare Falcone consigliere istruttore non per premiarlo, ma per garantire una continuità all'ufficio. E invece...».

Paolo denunciava una regressione molto pericolosa per il lavoro della magistratura. Era come se si fosse persa la visione unitaria del fenomeno mafioso, ritornando così indietro di vent'anni. Fece l'esempio di un caso che stava seguendo: «Io sono il titolare di un'inchiesta sulla mafia di Mazara del Vallo. Un pezzo dell'indagine è a Palermo e un pezzo ce l'ho io. Ho scritto all'Ufficio Istruzione di Palermo per avere indicazioni su chi dovrebbe occuparsi dell'intera inchiesta. Non mi hanno mai risposto. Prima tutte le indagini antimafia venivano centralizzate a Palermo. Solo così

si è potuto creare il maxiprocesso, solo così si è
potuto capire Cosa Nostra ed entrare nei suoi mi-
steri. Adesso si tende a dividere la stessa inchiesta
in tanti tronconi e, così, si perde inevitabilmente
la visione del fenomeno. [...] Le indagini si di-
sperdono in mille canali e intanto Cosa Nostra si
è riorganizzata, come prima, più di prima».

Dopo l'intervento di Paolo, scoppiò un vero
e proprio putiferio in tutta l'Italia. Giovanni, al
termine di una notte di grande travaglio, come
mi confermò Francesca, scrisse una lettera di dimissioni che venne letta il giorno stesso da alcuni
telegiornali.

Ricordo come se fosse ora che, leggendola,
piansi, perché sapevo quanto dolore fosse costato
a Giovanni scrivere ogni parola: significava per
lui la fine della speranza.

Voglio riportarne qualche passaggio, poiché in
queste righe stanno tutto il dolore, tutta la mor-
tificazione e tutta la rabbia di mio fratello.

Palermo, 30 luglio 1988
Ho tollerato in silenzio in questi ultimi anni in cui
mi sono occupato di istruttorie sulla criminalità

mafiosa le inevitabili accuse di protagonismo o scorrettezza nel mio lavoro. Ritenendo di compiere un servizio utile alla società, ero pago del dovere compiuto e consapevole che si trattava di uno dei tanti inconvenienti connessi alle funzioni affidatemi.

Ero inoltre sicuro che la pubblicità dei relativi dibattimenti avrebbe dimostrato, come in effetti è avvenuto, che le istruttorie alle quali ho collaborato erano state condotte nel più assoluto rispetto della legalità. Quando poi si è prospettato il problema della sostituzione del consigliere istruttore di Palermo, dottor Caponnetto, ho avanzato la mia candidatura, ritenendo che questa fosse l'unica maniera per evitare la dispersione di un patrimonio prezioso di conoscenze e di professionalità che l'ufficio cui appartengo aveva globalmente acquisito. Forse peccavo di presunzione e forse altri potevano assolvere egregiamente all'esigenza di assicurare la continuità dell'ufficio. È certo però che esulava completamente dalla mia mente l'idea di chiedere premi o riconoscimenti di alcun genere per lo svolgimento della mia attività. Il ben noto esito di questa vicenda non mi riguarda sotto l'aspetto personale e non ha per nulla influito, come i fatti hanno dimostrato, sul mio impegno professionale. Anche in quell'occasione però ho dovuto registrare infami calunnie ed una campagna denigratoria di inaudita bassezza, cui non ho reagito solo perché ritenevo, forse a torto, che il mio ruolo imponesse il silenzio. Ma adesso la situazione è profondamente cambiata ed il mio riserbo non ha più ragion d'essere. Quel che paventavo purtroppo è avvenuto: le istruttorie nei processi di mafia si sono inceppate e quel delicatissimo congegno che è il gruppo cosiddetto antimafia dell'Ufficio Istruzione di Palermo, per cause che in questa sede non intendo analizzare, è ormai in stato di stallo.

Paolo Borsellino, della cui amicizia mi onoro, ha dimostrato ancora una volta il suo senso dello Stato e il suo coraggio, denunciando pubblicamente omissioni ed inerzie nella repressione del fenomeno mafioso che sono sotto gli occhi di tutti. Come risposta è stata innescata un'indegna manovra per tentare di stravolgere il profondo valore morale del suo gesto riducendo tutto ad una bega fra cordate di magistrati, ad una reazione, cioè, di magistrati protagonisti, oscurati da altri magistrati che con ben diversa serietà professionale e con maggiore incisività condurrebbero le indagini in tema di mafia. Ciò non mi ferisce particolarmente, a parte il disgusto per chi è capace di tanta bassezza morale. Tuttavia essendo prevedibile che mi saranno chiesti chiarimenti sulle questioni poste sul tappeto dal procuratore di Marsala, ritengo di non poterlo fare se non a condizione che non vi sia nemmeno il sospetto di tentativi da parte mia di sostenere pretese situazioni di privilegio (ciò, incredibilmente, si dice adesso a proposito di titolari di indagini in tema di mafia). Ed allora, dopo lunga riflessione, mi sono reso conto che l'unica via praticabile a tal fine è quella di cambiare immediatamente ufficio.

E questa scelta, a mio avviso, è resa ancora più opportuna dal fatto che i miei convincimenti sui criteri di gestione delle istruttorie divergono radicalmente da quelli del consigliere istruttore, divenuto titolare, per una sua precisa scelta, di tutte le istruttorie in tema di mafia.

Mi rivolgo pertanto alla sensibilità del signor presidente del Tribunale affinché nel modo che riterrà più opportuno, mi assegni ad altro ufficio nel più breve tempo possibile; per intanto chiedo di poter iniziare a fruire delle ferie con decorrenza immediata. Prego vivamente, inoltre, l'onorevole Consiglio Superiore della Magistratura di voler rinviare la mia eventuale audizione ad epoca successiva alla mia assegnazione ad altro ufficio.

Mi auguro che queste mie istanze, profondamente sentite, non vengano interpretate come un gesto di istanza, ma per quel che riflettono: il profondo disagio di chi è costretto a svolgere un lavoro delicato in condizioni tanto sfavorevoli e l'esigenza di poter esprimere compiutamente il proprio pensiero senza condizionamenti di sorta.

Intervenne subito il presidente della Repubblica Francesco Cossiga per respingere le dimissioni di mio fratello. Lui rimase al proprio posto, ma in realtà i problemi non si risolsero, con conseguenti gravissimi danni all'organizzazione delle indagini che il pool aveva mandato avanti.

Contemporaneamente, il 5 agosto 1988, Giovanni subì una nuova sconfitta. Alla guida dell'Alto commissariato per la lotta alla mafia venne nominato, al suo posto, Domenico Sica.

In mia presenza Giovanni non si lamentò mai di queste sconfitte. Anzi, deluso dai numerosi tentativi di piegarlo e farlo arrendere, volò negli Stati Uniti, dove condusse un'importante operazione antidroga con Rudolph Giuliani, allora procuratore distrettuale di New York.

Giovanni mi parlò di Giuliani. Gli faceva piacere che fosse un italo-americano: avevano maggiore affinità.

Sebbene non fosse intenzione di Giovanni diventare un personaggio pubblico e sebbene fosse restio alle apparizioni televisive, a questo punto una cosa era certa: doveva spiegarsi. Parlare agli italiani. All'estero, invece, godeva già di un'autorevolezza altissima. Lo testimoniavano gli articoli su di lui, citati precedentemente, e il consenso dell'Fbi.

La televisione italiana servì a Giovanni per far conoscere la verità. Fu questo l'unico motivo per cui sopportò la gogna mediatica, non certo per diventare popolare. Suo malgrado, dopo il maxiprocesso soprattutto, fu sottoposto ad accuse di ogni sorta. Solo per fare un esempio fra i tanti, Totò Cuffaro, all'epoca deputato regionale, il 26 settembre 1991, durante una puntata speciale della trasmissione televisiva «Samarcanda» di Michele Santoro in collegamento con il «Maurizio Costanzo Show», disse: «C'è in atto una volgare aggressione alla classe dirigente migliore che ha la Democrazia cristiana in Sicilia. L'avete costruita sapientemente perché avete bisogno di delegittimare le persone migliori che abbiamo. Avete costruito e infangato la memoria di Libero Grassi». Aggiunse che il giornalismo mafioso faceva più male di dieci anni di delitti.

A fronte di simili affermazioni, avrebbe potuto e dovuto tacere Giovanni davanti all'Italia?

No. E infatti non tacque. Cercò sempre di replicare a ogni accusa durante i suoi interventi. Aveva bisogno di conforto e io lo appoggiavo; gli dicevo: «Te la sei cavata benissimo!».

Tuttavia Giovanni incontrava troppi ostacoli. Il primo era l'invidia. Innanzitutto da parte dei magistrati, perché nessuno come lui aveva avuto credito, collaborazione e stima a livello internazionale.

Poi era vittima dell'odio giurato da parte della mafia. Era odiato perché in lui avevano individuato il nemico pubblico numero uno.

E, infine, era vittima di una forma di odio proveniente dalla parte più oscura, dal coacervo di servizi segreti, massonerie, frange deviate dello Stato che vedevano in Giovanni l'uomo che avrebbe potuto smascherarli. La politica sporca.

Poco tempo dopo, le lettere del "corvo", di cui parlerò fra breve, ne sarebbero state la dimostrazione.

9

Il Paese felice

«Questo è il Paese felice in cui, se ti si pone
una bomba sotto casa, e la bomba per fortuna
non esplode, la colpa è tua che non l'hai fatta
esplodere.»[1]

Giovanni Falcone

Il 21 giugno 1989 Giovanni subì un attentato
all'Addaura, una località vicino a Palermo dove
aveva affittato una villa per le vacanze. Vi aveva invitato per fare un bagno insieme anche due
magistrati svizzeri, Claudio Lehmann e Carla Del
Ponte (grande amica che era riuscita a far pene-
trare Giovanni con le sue indagini nelle banche
svizzere), impegnati con lui in indagini sul narco-
traffico e sul riciclaggio di denaro sporco.

Su uno scoglio vicino alla villa, dove si sarebbero tuffati, qualcuno aveva sistemato un borsone contenente cinquantasette candelotti di dina-

---

[1] Giovanni Falcone, ospite della trasmissione televisiva «Babele»,
12 gennaio 1992.

mite, che i killer avrebbero dovuto far esplodere azionando un telecomando. L'attentato fallì. Un poliziotto notò il borsone sullo scoglio e gli artificieri disinnescarono la bomba.

Non successe nulla, quindi, ma Giovanni si rese conto che era stata emessa la sua condanna a morte.

Per quella che purtroppo non sarebbe stata l'ultima volta, io seppi dell'attentato dalla televisione. E, come me, pure Francesca, per la quale le conseguenze furono pesanti. Da quel giorno, infatti, Giovanni cercò di tenerla a debita distanza, proibendole perfino di dormire con lui. Francesca ne fu profondamente addolorata, pur comprendendo che lo faceva solo per proteggerla.

All'indomani dell'attentato, mio fratello ricevette una telefonata da Giulio Andreotti, che proprio in quei giorni stava ricevendo l'incarico di formare un nuovo governo. Andreotti gli espresse la sua solidarietà. Commentandola, Giovanni confidò a un amico: «Ha chiamato Andreotti, ma il primo a portare la corona nei funerali di mafia è il mandante dell'assassino...».

Una settimana dopo il fallito attentato, il Csm decise la nomina di Falcone a procuratore aggiunto presso la Procura della Repubblica, guidata da Pietro Giammanco.

Sull'attentato dell'Addaura mio fratello fu chiamato a riferire al Csm il 13 luglio 1989. Era un periodo molto caldo per le indagini. Lo riportò nella sua audizione: si stava occupando di processi scomodi e molto rilevanti, come quello che vedeva imputato Vito Ciancimino e quello sull'omicidio di Piersanti Mattarella; nel contempo, stava per aprirsi un'importante pista di indagini in Svizzera.

Ed era anche il periodo in cui Giovanni stava subendo una delegittimazione molto grave attraverso una serie di lettere anonime spedite a varie figure istituzionali, come l'Alto commissario per la lotta alla mafia, il procuratore della Repubblica di Palermo, il segretario del Partito comunista Achille Occhetto, e ai giornali.

Giovanni si riferiva alle sei lettere del cosiddetto "corvo" – termine del linguaggio mafioso per indicare i magistrati, che, durante le udienze, indossano una toga nera –, giunte subito dopo il fallimento dell'attentato all'Addaura. Erano anonime, ma contenevano tali dettagli da far pensare che a scriverle potesse essere stato addirittura un magistrato. E avevano il chiaro ed esplicito intento di demolire Giovanni, accusato di gestire in maniera troppo disinvolta i pentiti.

Una di queste lettere insinuava che il collaboratore di Giustizia Salvatore Contorno fosse stato aiutato da Giovanni e da Gianni De Gennaro, dirigente della Criminalpol, a tornare in Italia affinché uccidesse gli alleati di Riina.

In quella indirizzata al procuratore della Repubblica, all'Alto commissario Domenico Sica e al colonnello Mori, comandante dei Carabinieri di Palermo, del giugno 1989, si legge:

De Gennaro, e con lui i vertici della Criminalpol romana, erano perfettamente a conoscenza del fatto che Contorno si recava a Palermo per colpire i corleonesi e per stanare e uccidere Totò Riina. Lo stesso De Gennaro si era interessato presso il presidente della Corte d'Assise per fare sostituire l'obbligo di Contorno di presentarsi ogni settimana alla Criminalpol di Roma con quello di una semplice telefonata. Ciò per rendere più facili i movimenti. Tutto ciò era stato peraltro concordato con i giudici Falcone, Ayala e Giammanco, con i quali in questi ultimi tempi De Gennaro si è incontrato a Palermo, basta verificare le date dei viaggi di De Gennaro a Palermo in questi ultimi mesi.

Terminava così:

P.s. Accertate chi era presente ai colloqui avuti a Roma da Falcone e Guarnotta con Contorno e quante volte e in che periodo dal dicembre 1988 a oggi è venuto a Palermo De Gennaro e con quali magistrati si è incontrato. Ascoltate, prima che spariscano, tutte le intercettazioni telefoniche effettuate dalla Squadra mobile in questi ultimi mesi e avrete chiare tante cose.

Un'altra lettera, sempre del giugno 1989, era indirizzata al segretario del Pci, Achille Occhetto:

Illustri signori,
Giovanni Falcone, per usare un eufemismo, fino a oggi vi ha preso per i fondelli facendovi credere di essere un paladino dell'antimafia laddove si è rivelato uno squallido opportunista.

La magistratura aprì un'inchiesta e i sospetti si indirizzarono sul magistrato Alberto Di Pisa, del quale venne confrontata un'impronta digitale, reperita dall'Alto commissario Domenico Sica su una tazzina di caffè, con quelle presenti sulle lettere. Effettivamente coincidevano. Il magistrato finì sotto processo: sarebbe stato condannato in primo grado dal Tribunale di Caltanissetta nel 1992. Nel dicembre 1993 tale impronta sarebbe però stata dichiarata inutilizzabile e Di Pisa sarebbe stato definitivamente assolto.

Le lettere non ebbero il successo sperato da chi le aveva scritte.

Allo stesso modo era fallito l'attentato, che per Giovanni ebbe come unica conseguenza la diceria che se lo fosse organizzato da solo per ottenere vantaggi e seguito mediatico. A quelle diffamazioni mio fratello rispose con cupa ironia, durante la già citata intervista con Corrado Augias: «Questo è il Paese felice in cui, se ti si pone una bomba sotto casa, e la bomba per fortuna non esplode, la colpa è tua che non l'hai fatta esplodere».

Tuttavia, adesso si apriva il periodo più pesante nella vita di Giovanni. Fino a quel momento, infatti, nonostante le grandi difficoltà, malgrado la morte di Cassarà che lo aveva distrutto intimamente, mio fratello aveva continuato ostinatamente a pensare che, se la mafia era quella di cui gli aveva parlato Buscetta, potesse in fondo anche rispettare chi faceva bene il proprio mestiere.

Ma con l'attentato Giovanni capì che le cose non erano così prevedibili. Una sera (come spesso accadeva, ero andata all'Addaura per fargli un po' di compagnia) lo trovai solo. Aveva fatto tornare Francesca a casa. Non voleva che rischiasse. In quell'occasione avevano però avuto delle discussioni. Francesca sarebbe voluta restare al suo fianco, mentre lui voleva «mantenere lucidità e attenzione». Mi disse: «Se Francesca è qui, devo preoccuparmi per lei e non posso gestire con lucidità la situazione di pericolo». Addirittura Giovanni aveva pensato di separarsi per proteggerla. Ma Fernanda Contri, avvocato a cui aveva chiesto una consulenza, glielo aveva sconsigliato: difficilmente sarebbe riuscito a ingannare la mafia.

Gli risposi che capivo sua moglie. Quale donna non avrebbe voluto condividere anche il pericolo con l'uomo che amava? Francesca non poteva assecondare la sua richiesta di allontanarsi. Al che lui mi guardò negli occhi e mi freddò: «Ma non lo vedi? Sono un cadavere che cammina».

10

Era un amico

> «Una cosa mi ha insegnato la mafia: nel combatterla non ci si può permettere di bluffare.»
> *Giovanni Falcone*

Leoluca Orlando, sindaco di Palermo dal 1985 al 1990 e, successivamente, dal 1993 al 2000, viene ricordato soprattutto per quel periodo che in molti chiamarono la "Primavera di Palermo". Ma anche per lo scontro durissimo che ebbe con Giovanni e che fu un duro colpo, distruttivo per l'antimafia in generale.

Giovanni e Leoluca erano stati amici. Avevano pure fatto un viaggio insieme – c'era anche Francesca – in Russia. Si vedevano in molte occasioni ufficiali e facevano parte di coloro che lottavano per una Palermo diversa. Rimasero amici, rispettandosi, fino a quando Leoluca non accusò mio fratello di aver tenuto nel cassetto, insabbiandole, alcune prove. Per l'esattezza il riferimento era a otto scatole lasciate da Rocco Chinnici e a un armadio pieno di carte. La recriminazione avvenne pubblicamente durante una puntata di «Samarcanda», andata in onda il 17 maggio 1990 su Rai 3. La trasmissione era dedicata a una serie di omicidi fra cui quello di Giovanni Bonsignore, dirigente dell'assessorato regionale alla Cooperazione, al Commercio e alla Pesca. Insinuò in quella sede Orlando: «Io sono convinto – e me ne assumo tutte le responsabilità – che dentro i cassetti del Palazzo di Giustizia ce n'è abbastanza per fare chiarezza su questi delitti».

A questa terribile intervista Giovanni rispose il 20 maggio, sulla «Repubblica»:

«Le accuse di Orlando? È un modo di far politica attraverso il sistema giudiziario che noi rifiutiamo... E se il sindaco sa qualcosa, faccia nomi e cognomi, citi i fatti, si assuma le responsabilità di quel che ha detto. Altrimenti taccia: non è lecito parlare in assenza degli interessati.» Giovanni Falcone, il magistrato che ha cambiato volto alla Giustizia siciliana e che adesso è candidato al Consiglio Superiore della Magistratura per il movimento dei Verdi, replica così a Leoluca Orlando, che a «Samarcanda» ha sostenuto che le prove dei delitti politici a Palermo sono rimaste nei cassetti di Palazzo di Giustizia. Eresie, insinuazioni, attacca il procuratore aggiunto di Palermo. Non è vero che le inchieste sono ad un punto morto. È vero il contrario: ci sono stati sviluppi corposi, con imputati e accertamenti. Le inchieste sono tuttora in corso e promettono risultati concreti. [...] Falcone risponde alle domande di «Repubblica» sull'intreccio tra mafia e politica, sui collegamenti tra criminalità organizzata e colletti bianchi, sui motivi che lo hanno spinto ad abbandonare la trincea palermitana per Palazzo dei Marescialli. «Sono sereno e tranquillo,» assicura dopo l'intervista, in pieno terremoto provocato dalle accuse televisive di Orlando «ma non so se tutto questo ha a che fare con la mia candidatura al Csm. Certamente non userei alcun espediente per sottrarmi agli eventuali fallimenti delle mie inchieste. Anzi, intendo scrivere una lettera per rimettere la mia candidatura. Non ho alcuna intenzione di coinvolgere il movimento in questa faccenda.»[1]

Ma non era certo finita qui. Orlando diede inizio a una vera e propria campagna denigratoria con-

[1] Silvana Mazzocchi, *I nomi, altrimenti stia zitto*, in «la Repubblica», 20 maggio 1990.

tro mio fratello, sfruttando, per quasi un anno, le proprie risorse per lanciare quelle accuse attraverso i media. Lo fece speculando su un fatto recente: Giovanni aveva da poco sconfessato il pentito di mafia Giuseppe Pellegriti, che, fra le altre cose, aveva indicato Salvo Lima quale mandante dell'omicidio Mattarella. Pellegriti si era dimostrato più volte inaffidabile e Giovanni lo accusò di calunnia ripetuta. Orlando approfittò proprio di questo per insinuare dubbi sul lavoro di mio fratello. Si scatenò una terribile bufera, tanto che sarebbe dovuto intervenire persino il presidente della Repubblica Francesco Cossiga che, il 23 maggio, convocò al Quirinale i procuratori generali della Sicilia.

Seguirono mesi di lunghe dichiarazioni e illazioni da parte di Orlando. Era un animale politico e doveva sfruttare a suo favore gli umori, portare avanti le sue idee. Voleva diventare l'unico paladino antimafia. Ecco perché trovò un anello debole, un pretesto per attaccare Giovanni e subentrare al suo posto nel favore collettivo. Sarebbe così diventato il simbolo dell'antimafia. Fu un'operazione politica. Pericolosissima.

Un magistrato non può parlare se non ha le prove. Un politico ha un linguaggio diverso. E talvolta si può permettere di avanzare e insinuare dubbi, anche senza prove. Orlando tornò alla carica quando Giovanni era a Roma, al ministero di Grazia e Giustizia.

Sull'«Unità» del 14 agosto 1991 Saverio Lodato pubblicò un'intervista a Orlando in cui egli ribadiva nuovamente il concetto già espresso.

Orlando, che vuol dire fare antimafia oggi?
Nei cassetti dei Palazzi di Giustizia, delle commissioni parlamentari, dei servizi, e in quelli dell'Alto commissariato, e ormai anche nelle deposizioni dei pentiti, c'è la verità, la conferma dei rapporti mafia e politica. Sono migliaia e migliaia i nomi, gli episodi a conferma di questi rapporti. Ma quella verità non entra neppure nei dibattimenti, viene sistematicamente stralciata, depositata, e neppure rischia di diventare verità processuale. In questo contesto, i magistrati, e sono tanti, gli uomini politici, e sono tanti, le persone impegnate nella società civile e sono tante, rischiano di diventare bersaglio. L'uccisione del giudice Scopelliti è un altro e terribile avvertimento: la Cassazione continui ad assolvere. Chi

può opporsi non è difeso dallo Stato, viene eliminato dalle cosche.

Chi sono i responsabili degli insabbiamenti?

Pezzi e uomini dell'economia e della politica. La mafia non è un fenomeno isolato da combattere con un altro fenomeno, l'antimafia. La mafia ha una dimensione sistemica, è un pezzo organico di un sistema di potere, è una tessera di un mosaico e resta impunita per le stesse ragioni per le quali rimangono impunite le stragi o le corruzioni. Me lo lasci dire: alcuni uffici giudiziari, la procura di Palermo fra questi, alcuni uffici dello Stato, l'Alto commissariato, sono pericolosamente diventati simili a delle pentole il cui coperchio deve pure essere sollevato. Se ciò non accade c'è il rischio dello scoppio, o quello, non meno grave, del cannibalismo all'interno delle strutture.

Già una simile polemica, tempo fa, la vide entrare in rotta di collisione con i magistrati che si sentirono ingiustamente attaccati. Ci sono elementi nuovi?

È inconcepibile pensare che le indagini sui delitti politici, tutte, sistematicamente, abbiano buoni motivi per essere fermate alle soglie dell'individuazione delle responsabilità dei politici. Si è fatto veramente tutto – da parte di tutti – per individuare responsabilità di politici come Lima e Gunnella, ma anche meno noti come Drago, il capo degli andreottiani di Catania, Pietro Pizzo, socialista e senatore di Marsala, o Turi Lombardo? E quante inchieste si sono fermate non appena sono emersi i nomi di Andreotti, Martelli e De Michelis?[2]

Intervenne nuovamente il presidente della Repubblica Cossiga, che scrisse a Claudio Martelli, ministro di Grazia e Giustizia. Era il 16 agosto 1991. Non era la prima volta che interveniva dopo le accuse del sindaco ai magistrati di Palermo, ma decise di ritornare a chiarire le sue posizioni, soprattutto dopo aver letto attentamente l'intervista di Orlando sull'«Unità».

Il recente tragico assassinio del magistrato Scopelliti in altra zona sensibile del Paese, le indagini condotte a Palermo dell'arma dei carabinieri sul tema della collusione tra imprenditori politici e mafia, l'escalation estiva della criminalità organizzata, ripropongono in modo drammatico il problema di ricercare a ogni costo la verità. Quando il professor Leoluca Orlando Cascio rivolse analoga

[2] Saverio Lodato, *Indagate sui politici, i nomi ci sono*, in «l'Unità», 14 agosto 1991.

accusa ai magistrati di Palermo io già intervenni, ma il mio intervento fu accolto da generale diffidenza.

L'autorevolezza del personaggio, l'altissima credibilità che egli ha acquisito anche con sfavillante successo elettorale che gli è valso una grande massa di consensi popolari proprio in uno dei centri più importanti del fenomeno criminale: Palermo, ritengo imponga alle autorità politiche interessate di riprendere in mano il problema, nelle forme che riterrà più idonee, avviando una pronta inchiesta sull'operato dei responsabili delle istigazioni, anche mettendoli una volta per tutte a confronto con il professor Leoluca Orlando. Mi chiedo se ormai non ricorrano gli estremi previsti nel Codice di procedura penale perché una inchiesta siffatta venga affidata all'autorità giudiziaria al di fuori della Sicilia individuata secondo i criteri previsti dalla legge.

Copia di questa lettera ho inviato, per quanto di loro competenza, al presidente del Consiglio dei ministri e al ministro dell'Interno. Voglia gradire, signor ministro, i sensi della mia più alta considerazione.

Il presidente della Repubblica
Francesco Cossiga

L'11 settembre 1991 Orlando inviò al Csm un esposto di svariate pagine «sulle carte dei cassetti», a firma sua, di Alfredo Galasso e di Carmine Mancuso. Volevano spiegazioni sull'insabbiamento di alcune indagini, fra cui l'omicidio Dalla Chiesa, i delitti Reina, Mattarella, La Torre, il delitto Insalaco, Bonsignore, gli omicidi di alcuni imprenditori, i rapporti fra Salvo Lima e Stefano Bontate, la loggia massonica A. Diaz, i pacchi rimasti sigillati.

Dopo circa un mese, Giovanni dovette giustificarsi davanti al Csm. Rispose a ogni accusa, punto per punto. Disse anche: «Non si può andare avanti in questa maniera, non è possibile. Questo è un linciaggio morale continuo».

Non ci fu più verso di ricucire i rapporti.

Giovanni raccontò di aver incontrato Orlando in aeroporto e di avergli chiesto: «Leoluca, cosa ti sta capitando?». La risposta fu: «Stiamo prendendo strade diverse».

Per mio fratello fu una grande disillusione. Non solo per l'immagine distorta di lui che un uomo politico stava tracciando pubblicamente, ma per il tradimento di un amico. E proprio un amico che, come lui, era attaccato da tutti i lati.

Fu così che, invece di essere solidali, si allontanarono irrimediabilmente.

Io stessa intervenni sulla questione con una telefonata alla trasmissione «Mixer» di Giovanni Minoli. Era in studio Leoluca Orlando. Era il 25 gennaio 1993.

Dissi: «Voglio sapere dal dottore Orlando perché ha deciso di infangare il nome e la dignità di Giovanni».

E lui rispose: «Lei crede che Giovanni Falcone facesse bene il suo lavoro avendo un capo dell'Ufficio come Giammanco?».

«Allora lei non doveva attaccare lui. Non l'ha difeso da Giammanco, ha condannato Giovanni.»

11

Superprocuratore

«La Superprocura significa soltanto una cosa: che di fronte a fenomeni di grande complessità, che esulano di gran lunga dai ristretti limiti dell'ambito del circondario dei singoli Tribunali, non è possibile che vi siano troppi pubblici ministeri disseminati su tutto il territorio e senza un coordinamento centrale. Non significa affatto "gestire" le indagini, contrariamente a ciò che si vuol far capire, ma significa fare in modo che i vari Uffici di pubblico ministero procedano concordemente in maniera omogenea, senza farsi "le scarpe" reciprocamente, senza personalismi, senza protagonismi, ma in una visione d'insieme moderna.»

Intervento di Giovanni Falcone a Radio Praga

Dopo quasi un anno di accuse da parte di Orlando, Giovanni sentiva che a Palermo il suo spazio d'azione andava restringendosi, come se lo avessero intrappolato. Quella morsa opportunamente studiata, che lo rendeva immobile, non gli avrebbe permesso di svolgere al meglio il suo lavoro. L'involuzione era ingiustificata e fu all'origine

dell'ostilità con il procuratore capo Pietro Giammanco. Inizialmente Giovanni lo aveva appog-
giato. Ma poi qualcosa cambiò, nuovamente, nei
suoi confronti.

Un mese dopo la strage di Capaci Liana Milel-
la, una giornalista amica di Giovanni, pubblicò
su «Il Sole-24 Ore» gli appunti che mio fratello
le aveva affidato tempo prima. Lui era abituato
ad annotare tutto rigorosamente. In una pagina
(intorno al 10 dicembre 1990) faceva riferimento proprio al procuratore capo di Palermo Pietro
Giammanco e alla sua posizione all'interno del
Palazzo di Giustizia: «Ha sollecitato la definizione di indagini riguardanti la Regione al cap. CC
De Donno, assumendo che altrimenti la Regione
avrebbe perso finanziamenti. Ovviamente, qualche uomo politico gli ha fatto questa sollecitazio-
ne ed è altrettanto ovvio che egli prevede un'ar-
chiviazione e che solleciti l'ufficiale CC in tale
previsione».

O ancora, il 18 dicembre 1990, Giovanni
scriveva: «Dopo che, ieri pomeriggio, si è deciso
di riunire i processi Reina, Mattarella e La Torre, stamattina gli ho ricordato che vi è l'istan-

za della parte civile nel processo La Torre (Pci) di svolgere indagini sulla Gladio. Ho suggerito, quindi, di richiedere al G.I. di compiere noi le indagini in questione, incompatibile col vecchio rito, acquisendo copia dell'istanza in questione. Invece sia egli sia Pignatone insistono per richiedere al G.I. soltanto la riunione riservandosi di adottare una decisione soltanto in sede di requisitoria finale. Un modo come un altro per prendere tempo».

Da queste parole emerge chiaramente il clima che si respirava. Nella stessa linea è l'appunto datato 26 gennaio 1991: «Apprendo oggi da Pignatone, alla presenza del capo, che egli e Lo Forte si erano recati dal cardinale Pappalardo per sentirlo in ordine a quanto riferito, nel processo Mattarella, da Lazzarini Nara. Protesto per non essere stato previamente informato sia con Pignatone sia con il capo, al quale faccio presente che sono prontissimo a qualsiasi diverso mio impiego ma che, se si vuole mantenermi il coordinamento delle indagini antimafia, questo coordinamento deve essere effettivo. Grandi promesse di collaborazione e di lealtà per risposta».

Giovanni non si asservì mai a nessun potere e non aveva intenzione di allentare il proprio impegno. Per questa ragione, versando in una situazione come quella che ho appena descritto anche attraverso le sue stesse parole, non ci stupì del tutto la sua decisione di accettare un incarico a Roma. Avrebbe lasciato Palermo. La città che amava, proteggeva e che ancora avrebbe avuto bisogno delle sue indagini.

Me lo comunicò dopo cena, a casa mia. Lo volle fare in presenza anche di mio figlio maggiore Vincenzo, che aveva vent'anni e che per lui era come un figlio.

Io mi sentii intimamente sollevata, perché sapevo che lontano dalla Sicilia sarebbe stato più al sicuro. D'altro canto speravo non vivesse questo passaggio come una sconfitta, una perdita. Il percorso che aveva fatto, da solo, con il pool, aveva cambiato pelle sia ai metodi investigativi sia alla società, ora meno distratta.

La "muta" siciliana si deve anche a lui.

Quella sera Giovanni si affrettò a spiegare a me – e soprattutto a Vincenzo, che aveva un'ammirazione sconfinata per lo zio e grande interesse per le sue battaglie – che lavorare a Roma non era un compromesso, ma un'occasione importante per riportare l'attenzione sulla lotta alle mafie, a livello più ampio, nazionale.

Non aveva assolutamente l'aria di chi avesse perduto una battaglia ma neppure l'euforia di chi stesse per affrontare una nuova sfida con il sistema. Aveva solo l'intenzione di agire su nuove e più alte dimensioni.

La gloria personale non era il suo motore. Uno come lui – che aveva perso molti amici, i più cari; che li aveva visti morire, uno a uno, e aveva dovuto posare i piedi sul loro sangue; un uomo che aveva subìto le accuse di amici che l'avevano deluso, tradito –, un uomo così, con la sua esperienza, a poco più di cinquant'anni accettò l'incarico del ministro della Giustizia Claudio Martelli. Andò così a dirigere gli Affari Penali a Roma.

Era il 13 marzo 1991.

Inizialmente Giovanni si stabilì da solo nella Capitale, perché Francesca doveva aspettare di ottenere il trasferimento. Andò ad abitare in un appartamentino messo a disposizione dal ministero dell'Interno, in via Santo Stefano del Cacco.

Nello stesso palazzo, al piano di sopra rispetto a mio fratello, vivevano il funzionario del Sismi Nicola Calipari – che sarebbe stato ucciso in Iraq nel 2005 – e sua moglie Rosa Maria Villecco. Proprio lei, anni dopo la morte di Giovanni, mi raccontò che sentivano mio fratello svegliarsi sempre prestissimo al mattino per lavorare; e che, dopo la strage di Capaci, quando l'appartamento fu sigillato, nessuno si era preoccupato di disattivare la radiosveglia, che i coniugi Calipari continuarono a sentir squillare ogni giorno all'alba, quasi in memoria di mio fratello.

Giovanni sfruttava ogni ora della giornata. Era instancabile. E tutta la sua energia dimostra quanto amasse anche il nuovo incarico. Non restò mai con le mani in mano. A Roma sviluppò molti progetti con il ministro Martelli: provvedimenti antiracket, le leggi sui collaboratori di Giustizia, la Procura nazionale antimafia, il 41bis per i mafiosi, il coordinamento con le polizie e le magistrature europee e con quelle americane.

Paolo Mieli, allora direttore della «Stampa», lo

volle come editorialista nel quotidiano. Giovanni accettò l'offerta soltanto dopo molte insistenze, e comunque non prima di essersi interrogato e di aver domandato ad amici che stimava che cosa avrebbero pensato di un magistrato editorialista. Nella scelta lo aiutarono il giornalista Francesco La Licata, Noberto Bobbio ed Ezio Mauro.

Ma le sue attività non si fermarono qui. Scrisse il libro *Cose di Cosa Nostra* insieme con la giornalista francese Marcelle Padovani. Diventò anche consulente di Alberto La Volpe che, per Rai 2, voleva costruire un programma importante, dal titolo apparentemente strano – «Lezioni di mafia» –, in cui si sarebbe spiegata al pubblico la struttura della Cupola, i rituali e persino come si dà la caccia a un killer.

Era contento di tutte queste sue attività perché, mi diceva, era fondamentale far conoscere la lotta alla mafia. Quasi ogni settimana veniva a Palermo e da me, per pranzo o per cena. Era un buongustaio, Giovanni, e in quel periodo a Roma sentiva la mancanza della cucina tradizionale che ho ereditato dalla mamma.

I formaggi siciliani erano la sua passione; ma

anche la pasta con le sarde, gli anelletti al forno; per non dire dei dolci, in particolare la torta alle fragole. Li preparavo appositamente quando sapevo che si sarebbe accomodato a tavola con noi, parlandoci di Roma, del suo lavoro, dei nuovi incarichi. Seduto tra i miei figli.

A Roma Giovanni si sentiva libero. Poteva concedersi un gelato da Giolitti, una passeggiata a Campo de' Fiori, un piatto di carbonara a Trastevere. Finalmente riuscì ad assistere a un concerto all'Auditorium, in mezzo al pubblico come un cittadino qualsiasi. Per lui era qualcosa di eccezionale, dopo che a Palermo aveva rinunciato per anni al cinema e al teatro.

Nell'anno e mezzo trascorso a Roma, Giovanni sprigionava un'energia talmente positiva da diventare contagiosa. Persino al ministero: un inserviente mi avrebbe raccontato più tardi che l'arrivo di mio fratello aveva cambiato l'aria e risvegliato in tutti voglia di lavorare ed entusiasmo.

Il progetto che in quel periodo Giovanni ebbe più a cuore fu senza dubbio la creazione di una procura nazionale per la lotta alle mafie, la cosiddetta Superprocura. Non tutti, compreso Borsellino, lo appoggiarono fino in fondo. Paolo temeva che potessero crearsi conflitti fra le competenze territoriali e gli lasciava grandi perplessità il fatto che spettasse al ministero nominare il Superprocuratore, per la possibile subordinazione a esso. Comunque, su questi temi, Giovanni e Paolo ebbero un chiarimento come due amici che si rispettano e si stimano. Fra loro non c'erano ombre.

Da altre parti le critiche, però, non si placarono. Il nuovo ruolo veniva considerato un attentato all'indipendenza della magistratura, che Giovanni stesso, invece, tanto aveva difeso. I giornali scesero in campo attaccandolo. E non solo.

Durante la già citata puntata speciale del «Maurizio Costanzo Show» e di «Samarcanda», il 26 settembre 1991, l'avvocato Alfredo Galasso, penalista palermitano, prese la parola e, rivolgendosi a Giovanni, disse senza usare mezzi termini: «Non mi piace che stai dentro il palazzo di Governo».

Mio fratello rispose: «Il posto che ricopro è un posto previsto per magistrati. Non c'entra con l'indipendenza della magistratura. Il ministero di Grazia e Giustizia ha posti espressamente previsti per i magistrati. In qualsiasi Paese al mondo c'è un ministero di Grazia e Giustizia. Tu confondi indipendenza con arbitrio. C'è una bellissima legge sulla responsabilità civile».

Subito dopo la trasmissione lo sentii per telefono e mi complimentai con lui perché aveva saputo rispondere benissimo.

Il periodo in cui mio fratello visse a Roma fu anche segnato da vittorie professionali e umane non indifferenti che, secondo noi familiari, non avrebbero potuto che avere come naturale conseguenza la nomina di Giovanni quale capo della Superprocura, non solo perché lui stesso aveva concepito quel ruolo, ma soprattutto perché i suoi meriti erano indiscussi e la sua immagine era stata finalmente liberata dalle ombre che qualcuno aveva voluto gettargli addosso.

Il 17 gennaio 1992 la quinta sezione del Tribunale di Palermo condannò Vito Ciancimino, ex sindaco della città, a dieci anni di carcere per associazione mafiosa.

Il 30 gennaio fu poi una data storica per Giovanni, per il pool e per tutti coloro che avevano lavorato al maxiprocesso: la prima sezione penale della Corte di Cassazione confermò gli ergastoli emessi al primo grado di giudizio.

Il 22 febbraio il Tribunale di Caltanissetta condannò Alberto Di Pisa a un anno e sei mesi di reclusione perché ritenuto essere "il corvo", ovvero l'autore delle lettere anonime che calunniavano mio fratello.

Giovanni conosceva bene Di Pisa. Non avrebbe mai immaginato un livello simile di rancore, ma sapeva che a Palazzo si respirava un'atmosfera di veleni. Il suo sospetto era che dietro ci fosse anche un'altra regia, animata da un desiderio di vendetta ancora maggiore. Sono solo contenta che Giovanni non abbia avuto l'umiliazione di assistere al ricorso in Appello.

Nonostante tutto ciò, il 26 febbraio la Commissione referente per gli incarichi direttivi del Csm votò a maggioranza Agostino Cordova come candidato a diventare procuratore nazionale antimafia.

Il ministro Martelli, però, rifiutò di dare il proprio consenso: la Superprocura era una creatura di Giovanni. E doveva guidarla lui.

La carica rimase vacante per diversi mesi, fino all'elezione di Bruno Siclari, in ottobre. Dopo la morte di Giovanni non sarebbe mai più stato fatto il nome di Cordova.

In quello stesso periodo, però, qualcosa di molto grave si stava preparando. Il 12 marzo venne ammazzato Salvo Lima, eurodeputato della Democrazia Cristiana, leader della corrente andreottiana in Sicilia.

Fu allora che Giovanni capì che erano saltati gli equilibri, e che Cosa Nostra avrebbe alzato il tiro.

A questo punto desidero riportare il preziosissimo ricordo di mio fratello che mi ha gentilmente concesso il consigliere Loris D'Ambrosio che, avendolo conosciuto già nel 1985, in particolare gli fu accanto durante il periodo romano di cui ho appena parlato.

Ricordo di Giovanni Falcone
di Loris D'Ambrosio

Ho conosciuto Giovanni Falcone nel 1985. Io ero sostituto procuratore della Repubblica a Roma e mi occupavo delle indagini sul terrorismo di destra; lui era giudice istruttore a Palermo e aveva avviato ormai da qualche tempo il primo grande processo contro Cosa Nostra. Alcuni imputati mi avevano fornito indicazioni sull'omicidio del Presidente della Regione Siciliana, l'onorevole Piersanti Mattarella, avvenuto a Palermo il 6 gennaio 1980. Telefonai a Falcone che su quell'omicidio stava indagando e lo incontrai qualche giorno dopo.

Fui impressionato dalla sua disponibilità e dall'attenzione che prestò a me, allora magistrato alle "prime armi". Con incredibile pazienza mi illustrò le dinamiche dell'omicidio, lo stato delle sue indagini, il possibile rilievo delle dichiarazioni che avevo assunto e, assieme, la necessità di sottoporle con grande scrupolo alla verifica più rigorosa.

A lungo, parlammo allora dei criteri di valutazione delle dichiarazioni dei pentiti, delle insidie che esse presentavano, della indispensabilità che il magistrato imparasse a "fiutare il pentito impostore" senza cedere mai a quella specie di "intimismo investigativo" che talvolta ha purtroppo caratterizzato il rapporto tra l'inquirente e quel tipo di imputato.

Avrei ripreso a trattare con Giovanni il tema dei pentiti qualche anno dopo, quando mi volle accanto a sé al ministero della Giustizia come direttore dell'Ufficio Studi della sua Direzione Generale, quella degli Affari Penali.

Grazie a lui, fu allora possibile elaborare una disciplina completa sui collaboratori di Giustizia per fatti di mafia.

Quella disciplina è ancora vigente anche se, nel 1997, su impulso dei Ministri dell'Interno e della Giustizia di allora, on. Giorgio Napolitano e prof. Giovanni Maria Flick, il legislatore fu chiamato a rivederla parzialmente perché, come Falcone aveva fin dall'origine temuto, non poche sentenze avevano censurato approcci non professionali ai pentiti. Più volte, anche in scritti e interviste, Falcone aveva infatti ripetuto, con apparente monotonia, che solo un magistrato «professionalmente attrezzato, rigoroso, indipendente», che si attiene strettamente agli atti può indagare con mente serena, equilibrio, misura: raccogliendo prove e non dando rilievo ai soli sospetti o ai semplici indizi. Un "assaggio", di quello che, dopo la sua morte, sarebbe stato chiamato il metodo Falcone; anche oggi l'unico "metodo" d'indagine e di giudizio tranquillizzante per il magistrato e per il cittadino vittima o inquisito.

In numerose occasioni rividi e risentii Falcone negli anni successivi al 1985, pur continuando a provare, nei suoi confronti, una sorta di timore reverenziale; quello che discende naturalmente, dalla sola percezione dell'autorevolezza di chi hai di fronte. Una sensazione che non mi avrebbe abbandonato mai.

Sono certo che lui se ne accorgesse; sono altrettanto certo che sapesse bene di poter contare sulla mia lealtà e schiettezza, sulla comunanza di tante idee anche sulla magistratura e i suoi assetti.

Avvertii forte la stima di Giovanni quando, nel 1989-1990, fui destinato all'Alto Commissariato per il coordinamento della lotta alla mafia, allora diretto da Domenico Sica. Furono i tempi delle lettere del corvo, dell'attentato dell'Addaura, delle incomprensioni tra quelle che qualcuno chiamò le «cordate dell'antimafia».

Cercai di svolgere allora una funzione di cerniera tra Falcone e Sica e, specie quando la tensione saliva, erano loro stessi a farmi capire che occorreva parlarsi: così, qualche pranzo a tre, qualche viaggio a Palermo, qualche telefonata apparentemente inutile...

E poi, il mio viaggio a Palermo, nella notte dell'attentato dell'Addaura (21 giugno 1989).

Quelli furono giorni drammatici e amari. Eppure Giovanni riusciva a mostrarsi sereno anche se non ci voleva molto a capire quanto seri fossero i suoi problemi, quanto alti i rischi per la vita, sua e di sua moglie Francesca, quanto comune a tutte le mafie la volontà di "eliminarlo".

Fu allora che volli portargli la mia solidarietà,

la mia vicinanza: anche perché, in quei giorni ca-
pitava spesso di ascoltare tesi balzane e insinuazioni crudeli, come quelle di chi sosteneva che
l'attentato dell'Addaura l'avesse fatto organizzare
Giovanni per rafforzare la sua immagine d'uomo
dell'antimafia.

Nella notte dell'attentato, andai a Palermo
per incontrarlo; arrivai a Villa Paino, sede della
Prefettura, con l'Alto commissario ma non trovai Falcone. Qualcuno disse che l'avevano inutil-
mente cercato.

Riuscii a vederlo solo il giorno dopo, a Roma.
Ci abbracciammo e avvertii la sua solitudine. Fu
un momento importante per entrambi, il segno
di un affetto ormai saldo e vivo, un attestato di
stima e fiducia reciproche.

Ne ebbi la prova quando Falcone arrivò a
Roma all'inizio del 1991. Mi volle a lavorare con
sé per porre le basi normative di quella nuova
strategia antimafia che aveva in mente e di cui lo
Stato aveva assoluto bisogno.

Si lavorò giorno e notte, senza soste. Lui dava
l'idea e io provavo a tradurla in norme. Non sempre mi riusciva bene e non di rado ci accorgeva-

mo che le disposizioni che stavamo elaborando presentavano lacune o aspetti che potevano comprometterne l'efficacia o la legittimità.

Allora si tornava a ragionare. Si ricominciava daccapo. Perché eravamo convinti che il Paese, le istituzioni potevano soccombere alla criminalità organizzata se non si dotavano di strumenti normativi altrettanto "organizzati". Qualcuno ci guardava con diffidenza; qualcun'altro, addirittura con sospetto; non pochi però ci spronavano a continuare.

Giovanni veniva ogni mattina con qualche idea nuova o con la proposta di affinare norme scritte la sera prima. Si arrabbiava con me se entro mezzogiorno, non ero riuscito ancora a scrivere nulla di buono. Eppure sapeva che al mattino – per l'abitudine di svegliarmi tardi – riuscivo a combinare ben poco. Liliana Ferraro, che era la sua vice, ne rideva e mi proteggeva. Ma non c'era verso. Mi dotò anche di un cellulare (era il 1991!) per rintracciarmi in qualsiasi momento: anche nelle commissioni parlamentari o nelle riunioni interministeriali dove, quando Falcone non poteva essere presente, mi chiedevano di illustrare le novità delle varie previsioni di legge e i loro effetti.

Giovanni Falcone fu di certo l'uomo del maxiprocesso, ma fu anche l'uomo che seppe immaginare una disciplina dell'antimafia che sarebbe stata imitata e ripresa da tanti altri Paesi.

E ripenso alla conferenza del dicembre 2000 quando, simbolicamente a Palermo, fu sottoscritta la convenzione delle Nazioni Unite contro la criminalità organizzata transnazionale: una convenzione che in tanti punti riprende le idee di Falcone, anche quelle sulla lotta alle infiltrazioni mafiose nella economia legale che, come mi aveva detto più volte, avrebbe dovuto rappresentare il «nostro futuro obiettivo».

Se si scorrono i provvedimenti voluti da Falcone dall'arrivo al ministero alla sua morte, ci si accorge che in quel periodo furono introdotte la disciplina in favore di chi collaborava con la Giustizia, la normativa antiracket, le previsioni processuali sulla custodia "obbligatoria" in carcere per i mafiosi colpiti da gravi indizi di reato.

Fu con Giovanni che nacque il "doppio binario" nei profili penali, processuali e penitenziari:

quello che, da un lato irrigidiva il sistema normativo per i mafiosi irriducibili e, per l'altro, consentiva a chi aiutava le forze di polizia e giudiziarie, di fruire di attenuanti, benefici penitenziari, misure di protezione e assistenza.

Sempre in quel tempo, nacquero – grazie alla spinta innovativa di Falcone – la Direzione investigativa antimafia (Dia) e la Direzione nazionale antimafia (Dna). L'una nell'ottobre, l'altra nel novembre del 1991.

La Dia andava ad affiancare gli altri servizi centralizzati di polizia giudiziaria voluti qualche mese prima e costituiti presso ogni forza di polizia. Il suo compito era quello di centralizzare le investigazioni e le indagini sui delitti di mafia e sui delitti a essa strumentali; qualcuno disse – e dice ancora – che fu immaginata come la Fbi italiana.

Assieme alla Dia, e come a essa speculare, fu pensata la Dna (la cosiddetta Superprocura) con funzioni di impulso e coordinamento delle indagini che altri pubblici ministeri conducevano sul territorio; pubblici ministeri, a loro volta "organizzati" in specifici pool (le Direzioni distrettuali antimafia, Dda) istituiti nei capuoluoghi di ogni distretto di Corte d'Appello. Tutto ciò per ottenere anche in questo caso, una centralizzazione investigativa in grado di assicurare l'uniformità dell'azione antimafia e di evitare quella frammentazione delle indagini di cui Cosa Nostra e le altre organizzazioni criminali si erano tanto giovate nei tempi passati.

Ma quel procuratore nazionale e la sua struttura erano invisi a tanti perché si temeva che dalla concentrazione dei poteri potessero discendere rischi per la indipendenza della magistratura e crearsi le premesse per avvicinare i pubblici ministeri al potere esecutivo. Si diceva dovunque di questo pericolo e qualche volta si raccontava che esso sarebbe stato ancor maggiore se a divenire procuratore nazionale fosse stato Falcone, il magistrato che lavorava al ministero diretto dall'onorevole Martelli.

Le battaglie parlamentari sulla Dia e sulla Procura Nazionale impegnarono e sfiancarono Giovanni: anche stavolta, virulenti furono gli attacchi personali, tanto ingiusti quanto gratuiti. Ricordo ancora quel magistrato che, dopo aver letto uno degli schemi del provvedimento sulla Dna, mi disse che nello scriverlo avevo dimenticato di prevedere che il Superprocuratore doveva necessariamente "avere baffi come quelli di Giovanni".

E ricordo che il testo fu riscritto trentadue volte prima di diventare decreto legge; e fu limato con cura per eliminare dubbi interpretativi sul ruolo del procuratore nazionale e della sua struttura, sui rapporti con gli uffici di procura e con i servizi di polizia.

Facemmo riunioni lunghissime, con Giovanni, il ministro, il capo di gabinetto Livia Pomodoro, Liliana Ferraro. Quale prezioso suggeritore, si mosse Pietro Grasso, il redattore della sentenza di primo grado del maxi processo, che, per merito e destino, sarebbe divenuto procuratore nazionale nel 2005 e che Falcone aveva voluto al ministero come suo consigliere "privilegiato". A dare man forte, venne anche Giannicola Sinisi, un giovane magistrato voluto da Giovanni e Liliana alla Direzione Generale e che sarebbe poi divenuto sottosegretario al ministero dell'Interno allora guidato dal Presidente Giorgio Napolitano.

Ogni volta che ripenso a quei giorni, mi chiedo se Giovanni non fu ucciso anche per quello che aveva voluto che scrivessimo, nella consapevolezza che la mafia costituiva un fenomeno criminale pericoloso per la tenuta stessa dell'ordinamento democratico: una consapevolezza che avevano in pochi e che lui tradusse, assieme a Marcelle Padovani, nelle splendide pagine del libro *Cose di Cosa Nostra*.

Ogni tanto mi chiedo se ad affrettare la sua morte non siano state anche le notizie secondo le quali, alla fine e pur tra mille dubbi e perplessità, il Consiglio Superiore si stava orientando per conferire a Falcone l'incarico di procuratore nazionale.

Le capacità di Falcone, la sua conoscenza delle organizzazioni criminali, il suo carisma non potevano che fare paura. Bisognava bloccarlo; poteva farlo solo un attentato, una strage che creasse panico tra la gente e sconcerto negli organi istituzionali, indebolendoli gravemente e fiaccandone la tenuta.

Sono domande che mi pongo dal giorno dell'attentato e che mi posi anche quando Livia

Pomodoro mi chiese di parlare di Giovanni al personale del Ministero, il giorno dei suoi funerali; in una sala gremita di gente attonita e commossa che aveva portato con sé anche un fiore da lasciare davanti l'ufficio del direttore generale.

L'ultima volta che vidi Giovanni fu nel primo pomeriggio di quel 23 maggio 1992. Lo salutai poco prima che partisse con l'aereo per Palermo; per l'ultimo viaggio suo e di Francesca. Qualche minuto prima avevo incontrato anche lei e l'avevo salutata.

Giovanni era contento. Dalla settimana dopo, Francesca, appena nominata componente della Commissione di concorso per l'ingresso in magistratura, sarebbe venuta a stare stabilmente a Roma. Nessuno mi convincerà mai che altri non sapessero che da quel sabato i viaggi a Palermo si sarebbero diradati.

Verso le due di quel pomeriggio, mentre se ne andava dal Ministero, Giovanni mi disse «ricordati il cambiamento delle generalità», riferendosi al tema delle modifiche sulle generalità dei collaboratori che avremmo dovuto iniziare a trattare nei giorni successivi. È l'ultimo ricordo che ho di lui.

Mi porto ancora appresso tanta rabbia: quella stessa che, un po' piangendo e un po' facendomi forza, mi indusse nei giorni successivi alla sua morte, a tornare a scrivere leggi; in particolare quel decreto dell'8 giugno 1992 che ancora oggi porta il suo nome e con il quale tentammo, unendo le nostre forze, di aggiungere qualche altro tassello a quel programma antimafia che lui aveva pensato, voluto e ci aveva illustrato. Quasi un omaggio alla sua memoria e un'angosciata illusione di averlo ancora vicino.

12

23 maggio 1992: la mattanza

«L'uomo può essere ucciso, ma non sconfitto.»[1]
Ernest Hemingway

Per il 23 maggio era prevista la mattanza a Favignana. Da sempre era un rito che appassionava Giovanni. Anche quella volta sarebbe voluto essere presente mentre si calavano le tonnare. Perciò, aveva programmato di tornare a Palermo venerdì 22 per potervi assistere il giorno dopo.

Però, proprio quel venerdì mattina, mi telefonò per avvisarmi che aveva deciso di rimandare la partenza al giorno seguente. Preferiva aspettare Francesca, che era in commissione per gli esami di magistratura, e rientrare con lei. Inoltre la scorta gli aveva sconsigliato la gita a Favignana: sarebbe stata un'imprudenza.

[1] Ernest Hemingway, *Il vecchio e il mare*, Mondadori, Milano 1961.

Gli esami si svolgevano all'Hotel Ergife di Roma. Un giovane magistrato, Mario Conte, mi avrebbe poi raccontato che quella mattina vide Giovanni attendere Francesca. Si presentò con una sola macchina, la scorta era a bordo con lui. Scese per andare incontro alla moglie, disinvolto, in tuta. Per un attimo sembrarono una normalissima coppia.

Spesso, invece, erano le sirene a precedere l'arrivo di mio fratello.

Tanto che la sera del 23 maggio, quando le sentii suonare spiegate in strada alle 18,20, pensai che fossero le macchine della scorta che aprivano il passaggio a Giovanni.

Ma nessuno suonò alla nostra porta.

Il telefono, al contrario, iniziò a squillare ripetutamente. Ricevetti una telefonata strana da un'amica. Evidentemente qualcuno era stato informato prima di me dell'incidente.

Un fosco presagio mi indusse ad accendere il televisore. Come era stato con l'Addaura, per la seconda volta fu un notiziario ad avvisarmi che avevano attentato alla vita di Giovanni.

Chiamai la polizia, ma non mi vollero dare informazioni. Non credevano che fossi la sorella.

Allora mi precipitai all'ospedale civico di Palermo. In quella corsa forsennata ricordo che comunque non avevo la sensazione del peggio. La televisione aveva annunciato l'attentato dicendo soltanto che Giovanni era stato ferito. Speravo di poterlo aiutare, sostenere.

Avevo quella speranza. Fino a quando non intravidi all'entrata Paolo Borsellino, che era arrivato prima di me. Mi venne incontro anche Alfredo Morvillo, fratello di Francesca. Paolo mi abbracciò e mi disse parole che non dimenticherò mai: «È morto fra le mie braccia qualche minuto fa. Senza però riprendere conoscenza».

Questo è tutto ciò che ricordo di quei momenti. Tutto, nella sua devastante essenzialità. Non mi fecero nemmeno vedere Giovanni. Mi dissero solo che mio fratello era morto. Francesca, invece, soggiunsero, si era salvata.

Ne fui sollevata per pochi attimi. Pochissimi. Perché anche Francesca, a causa di una emorragia, sei ore dopo ci lasciò durante un intervento chirurgico.

Fu questa notizia a darmi la misura di quanto tutto fosse veramente finito.

Cinque quintali di tritolo contenuti in bidoni di plastica avevano ucciso mio fratello, Francesca e la scorta.

Giovanni si era voluto mettere al volante. Francesca si era seduta al suo fianco, nell'auto bianca. Dietro di loro c'era un'altra auto, quella blu della scorta. Li precedeva una vettura marrone con un'altra parte della scorta.

Fu Giovanni Brusca a spingere la levetta. Lo stesso spietato killer che avrebbe sciolto nell'acido un bambino, Giuseppe Di Matteo, figlio del pentito Santino, e che commetterà o ordinerà l'omicidio di più o meno centocinquanta persone.

Della scorta di Giovanni rimasero illese quattro persone: l'autista giudiziario Giuseppe Costanza, che quel giorno sedeva dietro Giovanni, e gli agenti Paolo Capuzzo, Gaspare Cervello e Angelo Corbo, che si trovavano a bordo dell'auto blu.

Morirono gli agenti che si trovavano nell'auto

davanti a quella di Giovanni: Rocco Dicillo, Antonio Montinaro, Vito Schifani.

Erano tutti giovani.

Rocco Dicillo aveva da poco compiuto trent'anni; era originario di Triggiano, in provincia di Bari. Scortava Giovanni dal 1989.

Montinaro non aveva ancora trent'anni. Lasciò la moglie Tina e due figli: il più grande aveva quattro anni; al secondo, di un anno e mezzo, aveva dato il nome Giovanni. Montinaro era il caposcorta e aveva instaurato un rapporto particolare con mio fratello, che lo aveva voluto con sé a Roma. In un'intervista rilasciata poco prima di morire, alla giornalista che gli aveva chiesto cosa fosse il coraggio per un uomo come lui che faceva parte della scorta di un magistrato in continuo pericolo, Antonio aveva risposto che chi fa questo mestiere ha sempre la possibilità di scegliere fra la vigliaccheria e la paura: «La paura è qualcosa che tutti abbiamo. Chi ha paura sogna, ama, piange. È un sentimento umano. La vigliaccheria non deve rientrare nell'ottica umana. Come tutti gli uomini io ho paura. Non sono vigliacco. La paura nella mia posizione è lasciare i bambini soli.

Per un uomo sposato la paura si gestisce in virtù della propria famiglia. Si ha paura di non avere la capacità di morire per una ragione valida. [...] In Italia ci si dimentica delle famiglie dei poliziotti uccisi». Quasi quotidianamente, ricorda la moglie, parlava della morte: «Il giorno che accadrà mi verrai a raccogliere con un cucchiaino». Ma era comunque allegro, vivace.

Vito Schifani aveva ventisette anni; era nato a Ostuni, aveva un bambino di pochi mesi e una moglie, Rosaria, di cui tutti ricordiamo il discorso durante il funerale.

A vent'anni di distanza, ancora non riesco a commentare questi fatti. Perciò mi piace concludere prendendo a prestito le parole da Ernest Hemingway: «L'uomo non trionfa mai del tutto, ma anche quando la sconfitta è totale quello che importa è lo sforzo per affrontare il destino e soltanto nella misura di questo sforzo si può raggiungere la vittoria nella sconfitta».

13

Per amore

> «Ma è certamente motivo, e lo sappiamo, di particolare sgomento l'avere appreso che il giudice Falcone si muoveva in via e con mezzi che dovevano rimanere coperti dal più sicuro riserbo. Chi li conosceva? Chi li ha rivelati ai nemici dei giudici?»[1]
>
> *Cardinale Salvatore Pappalardo*

Pioveva, quel giorno a Palermo. Era il 25 maggio 1992. Strano, di maggio, che piovesse. Paolo Borsellino mi camminava davanti. Lento. Aveva la giacca verde bagnata.

Eravamo scortati dai suoi agenti, in quella processione che da via Roma ci condusse al duomo di San Domenico.

Che mio fratello era morto, lo capii forse proprio in quel momento: quando vidi la scritta «Giovanni Falcone» dietro il feretro e accanto ad altre quattro bare. Fino ad allora avevo

---

[1] Dall'omelia durante i funerali, Palermo, 25 maggio 1992.

guardato la mia vita dal di fuori, come se quello che stavamo subendo non ci toccasse davvero da vicino.

Urlavano, gridavano il nome di Giovanni, fischiavano contro lo Stato. Tutta la città era lì. Amici e nemici. Curiosi, traditori, ma anche quella parte della società civile che l'aveva amato e che non avrebbe mai potuto dimenticare.

Altrove, mi raccontarono, le strade di Palermo erano deserte.

Ero stata la prima a volere che il funerale fosse di Stato, insieme con i parenti delle altre vittime, per far comprendere che Giovanni era morto per la difesa dello Stato. Non avevo idea, però, del valore che quel funerale avrebbe assunto nel tempo e nella memoria di tutti noi. C'era talmente tanta gente, raccolta nella cattedrale di San Domenico, che fu Paolo a trovarci dei posti. Sembrava di assistere a dei Vespri siciliani.

Il cardinale Pappalardo pronunciò ad alta voce le domande che, nell'intimo, tutti noi ci ponevamo e che sono ancora il più grande tormento di chi vuole Giustizia: «Chi tradì Giovanni e la sua scorta?».

La vedova dell'agente Schifani, Rosaria Costa, che aveva ventidue anni e un bimbo di quattro mesi a casa, implorò la verità con un discorso toccante, rimasto nella memoria di tanti.

«Io, Rosaria Costa, vedova dell'agente Vito Schifani mio, a nome di tutti coloro che hanno dato la vita per lo Stato, lo Stato..., chiedo innanzi tutto che venga fatta Giustizia, adesso. Rivolgendomi agli uomini della mafia, perché ci sono qua dentro (e non), ma certamente non cristiani, sappiate che anche per voi c'è possibilità di perdono: io vi perdono, però vi dovete mettere in ginocchio, se avete il coraggio di cambiare. – Ma loro non cambiano... loro non vogliono cambiare [...] – Vi chiediamo per la città di Palermo, Signore, che avete reso città di sangue, troppo sangue, di operare anche voi per la pace, la Giustizia, la speranza e l'amore per tutti. Non c'è amore, non ce n'è amore...»

Gli agenti della scorta sopravvissuti urlarono: «Questi sono i morti nostri».

Ci furono ancora applausi, grida e un *mea culpa* generale, a tutt'oggi forse in atto.

Lo stesso giorno, nel Palazzo di Giustizia di Milano, esplose la rabbia di Ilda Boccassini, uno dei magistrati che erano stati più vicini a mio fratello: «Voi avete fatto morire Giovanni Falcone, voi con la vostra indifferenza. [...] Un conto è criticare la Superprocura, un conto è dire – come il Csm, i colleghi, gli intellettuali del fronte antimafia – che Falcone era un venduto, una persona non più libera dal potere politico. Falcone a Palermo non poteva più lavorare, perché gli era stato impedito di fare i processi alla mafia. E per questo ha scelto la strada del ministero, per realizzare il progetto di una struttura unica contro la mafia. Lui non voleva essere lasciato solo dai colleghi ed essere considerato un traditore».

Martedì 23 giugno, un mese dopo la morte di Giovanni, Paolo Borsellino parlò nella chiesa di San Domenico davanti a trentamila ragazzi, giunti da tutta Italia per ricordarlo con un'imponente fiaccolata. Le sue parole mi sembrano la migliore commemorazione del lavoro di mio fratello: «Giovanni Falcone lavorava con perfetta coscienza che la forza del male, la mafia, lo avrebbe un giorno ucciso. Francesca Morvillo stava accanto al suo uomo con perfetta coscienza che avrebbe condiviso la sua sorte. Gli uomini della scorta proteggevano Falcone con perfetta coscienza che sarebbero stati partecipi della sua sorte.

«Non poteva ignorare, e non ignorava, Giovanni Falcone, l'estremo pericolo che correva, perché troppe vite di suoi compagni di lavoro e di suoi amici sono state stroncate sullo stesso percorso che egli si imponeva. Perché non è fuggito, perché ha accettato questa tremenda situazione, perché non si è turbato, perché è stato sempre pronto a rispondere a chiunque della speranza che era in lui? Per amore!

«La sua vita è stata un atto d'amore verso questa sua città, verso questa terra che lo ha generato. Perché se l'amore è soprattutto ed essenzialmente dare, per lui, e per coloro che gli sono stati accanto in questa meravigliosa avventura, amare Palermo e la sua gente ha avuto e ha il significato di dare a questa terra qualcosa, tutto ciò che era ed è possibile dare delle nostre forze morali, intellettuali e professionali per rendere migliore questa città e la patria cui appartiene. Qui Falcone cominciò a lavorare in modo nuovo. E non solo nelle tecniche di indagine. Ma anche consapevole che il lavoro dei magistrati e degli inquirenti doveva porsi sulla stessa lunghezza d'onda del sentire di ognuno. La lotta alla mafia [...] non doveva essere soltanto una distaccata opera di repressione, ma un movimento culturale e morale, anche religioso, che coinvolgesse tutti, che tutti abituasse a sentire la bellezza del fresco profumo della libertà che si oppone al puzzo del compromesso morale, dell'indifferenza, della contiguità, e quindi della complicità.

«Ricordo la felicità di Falcone, quando in un breve periodo d'entusiasmo, conseguente ai dirompenti successi originati dalle dichiarazioni di Buscetta, mi disse: "La gente fa il tifo per noi". E con ciò non intendeva riferirsi soltanto al conforto che l'appoggio morale della popolazione dà al lavoro del giudice. Significava soprattutto che il nostro lavoro, il suo lavoro, stava anche sommovendo le coscienze, rompendo i sentimenti di accettazione della convivenza con la mafia, che costituiscono la sua vera forza.

«Questa stagione del "tifo per noi" sembrò

durare poco, perché ben presto sopravvennero il
fastidio e l'insofferenza per il prezzo che la lotta
alla mafia, la lotta al male, costringeva la citta-
dinanza a pagare. Insofferenza alle scorte, insofferenza alle sirene, insofferenza alle indagini, insofferenza a una lotta d'amore che costava però a
ciascuno non certo i terribili sacrifici di Falcone,
ma la rinuncia a tanti piccoli o grandi vantaggi, a tante piccole o grandi comode abitudini,
a tante minime o consistenti situazioni fondate
sull'indifferenza, sull'omertà o sulla complicità.
Insofferenza che finì per provocare e ottenere,
purtroppo, provvedimenti legislativi che, fonda-
ti su un'ubriacatura di garantismo, ostacolarono
gravemente la repressione di Cosa Nostra e for-
nirono un alibi a chi, dolorosamente o colposa-
mente, di lotta alla mafia non ha mai voluto occuparsi. In questa situazione Falcone andò via da
Palermo. Non fuggì. Tentò di ricreare altrove, da
più vasta prospettiva, le condizioni ottimali per il
suo lavoro. Per poter continuare a dare. Per poter
continuare ad amare. Venne accusato di essersi
avvicinato troppo al potere politico. Menzogna!

«Qualche mese di lavoro in un ministero non

può far dimenticare il lavoro di dieci anni. E Falcone lavorò incessantemente per rientrare in magistratura. Per fare il magistrato, indipendente come lo era sempre stato, mentre si parlava male di lui, con vergogna di quelli che hanno malignato sulla sua buona condotta. Muore, e tutti si accorgono di quale dimensione ha questa perdita. Anche coloro che per averlo denigrato, ostacolato, talora odiato e perseguitato hanno perso il diritto di parlare. Nessuno tuttavia ha perso il diritto, e anzi il dovere sacrosanto, di continuare questa lotta. Se egli è morto nella carne, è vivo nello spirito, come la fede ci insegna; le nostre coscienze, se non si sono svegliate, devono svegliarsi! La speranza è stata vivificata dal suo sacrificio, dal sacrificio della sua donna, dal sacrificio della sua scorta. Molti cittadini, è vero, ed è la prima volta, collaborano con la Giustizia nelle indagini concernenti la morte di Falcone. Il potere politico trova, incredibilmente, il coraggio di ammettere i suoi sbagli e cerca di correggerli, almeno in parte, restituendo ai magistrati gli strumenti loro tolti con stupidi pretesti accademici.

«Occorre evitare che si ritorni di nuovo indietro, occorre dare un senso alla morte di Giovanni, alla morte della dolcissima Francesca, alla morte dei valorosi uomini della sua scorta.

«Sono morti per tutti noi, per gli ingiusti; abbiamo un grande debito verso di loro e dobbiamo pagarlo gioiosamente, continuando la loro opera; facendo il nostro dovere, rispettando le leggi, anche quelle che ci impongono sacrifici, rifiutando di trarre dal sistema mafioso i benefici che potremmo trarre (anche gli aiuti, le raccomandazioni, i posti di lavoro); collaborando con la Giustizia, testimoniando i valori in cui crediamo, in cui dobbiamo credere, anche dentro le aule di Tribunale: troncando immediatamente ogni legame di interesse, anche quelli che ci sembrano più innocui, con qualsiasi persona portatrice di interessi mafiosi, grossi o piccoli; accettando in pieno questa gravosa e bellissima eredità di spirito. Dimostrando a noi stessi e al mondo che Falcone è vivo.»

Sono le parole che, in tutti questi anni, ho sentito ripetere in tante occasioni, in tante scuole, in tanti convegni. Falcone è vivo perché le sue idee continuano a essere presenti nella nostra società, perché il suo metodo di lavoro è sempre di esempio nelle indagini di stampo mafioso, perché i valori in cui credeva continuano a essere ampiamente condivisi, soprattutto dagli insegnanti e dai tanti giovani delle scuole in tutta l'Italia.

Eppure, dopo il 23 maggio, anche per me Giovanni era morto e con lui erano morte tutte le mie speranze di cittadina siciliana. Grande era il mio scoramento, e direi quasi l'indifferenza, per tutto ciò che mi circondava. C'era un'altra persona però che soffriva forse più di me: era la madre di Francesca, e per questo decisi un giorno di andarla a trovare. La cosa che più mi emozionava era ritornare nel palazzo nel quale sino a qualche giorno prima aveva abitato Giovanni. Lì viveva anche la signora Morvillo.

Arrivata all'ingresso, notai qualcosa di insolito nell'albero che si ergeva davanti al portone, una bellissima magnolia: il tronco dell'albero era pieno di bigliettini e di disegni, e anche l'aiuola era ricolma di fiori e di piante. Quell'albero era diventato, in pochi giorni, il simbolo di un "Falcone vivente", a cui era giusto raccontare i propri pensieri, le proprie speranze, la voglia di continuare. Ancora oggi, a distanza di vent'anni, quell'albero è sempre pieno di biglietti e rappresenta il simbolo della rinascita della società palermitana. È attorno a questo albero che ogni anno si raccolgono i ragazzi di tutta Italia per ricordare il sacrificio di Giovanni, di Francesca, di Antonio, di Vito e Rocco, e anche per testimoniare la propria voglia di continuare a portare avanti le loro idee.

Quel giorno raccolsi gran parte di quei biglietti e la sera a casa cominciai a leggerli. Era strano ma, in tutti quei biglietti, uno era il sentimento che predominava: la speranza. Nonostante la tragedia enorme che si era consumata pochi giorni prima, i siciliani avevano capito che la maniera migliore di onorare la memoria dei caduti era continuare a sostenere le loro idee e, soprattutto, fare in modo che le indagini contro la mafia andassero avanti.

Una frase mi colpì in particolare, anche perché era stata pronunziata da Giovanni qualche tempo prima durante un'intervista. Ai giornalisti che gli chiedevano cosa avrebbe voluto dire ai cittadini palermitani nel momento in cui nella città stava per iniziare il maxiprocesso, Giovanni aveva detto: «Gli uomini passano, le idee restano. Restano le loro tensioni morali e continueranno a camminare sulle gambe di altri uomini. Ognuno di noi deve fare la sua parte, piccola o grande che sia».

Nel momento stesso in cui la leggevo dopo tanti anni, vi trovai quasi l'indicazione di un cammino da percorrere. Rappresentava per me in un certo senso il testamento morale di mio fratello. Lui infatti era ben consapevole che il suo destino era segnato – glielo aveva predetto Tommaso Buscetta – e lasciava quindi a tutti noi il compito di continuare a portare avanti le sue idee.

Capii, in quel momento, che non dovevo fermarmi e che avrei dovuto creare una struttura che potesse rappresentare negli anni a venire tutto ciò che era appartenuto a Giovanni Falcone, e soprattutto le sue idee.

Decisi allora, insieme con mia sorella, con la mamma e il fratello di Francesca e tanti altri ami-

ci magistrati, di creare una Fondazione. Nacque
così, nel dicembre del 1992, la Fondazione Giovanni e Francesca Falcone, e in questo fummo
aiutati moltissimo dall'allora ministro della Giustizia Claudio Martelli.

Negli anni la Fondazione ha mantenuto costante il proprio impegno, attraverso convegni
nazionali e internazionali sulle tematiche tanto
care a Giovanni e, soprattutto nell'ultimo decen-
nio, ha svolto la sua attività fondamentale nelle
scuole di tutta Italia e anche all'estero.

Giovanni diceva spesso che la mafia, essendo un
fatto culturale, sarebbe stata vinta quando la società fosse cambiata, e, a tale scopo, bisognava far
sì che i giovani rigettassero tutti quegli atteggia-
menti che sono propri della mafiosità.

La repressione portata avanti dai magistrati e
dalle forze dell'ordine doveva essere continua e
pressante, degna di uno Stato di diritto, ma, al
tempo stesso, tutta la società si sarebbe dovuta
rinnovare, cambiando radicalmente.

Nel decimo anniversario della strage di Capaci
abbiamo quindi deciso di avviare con le scuole di

tutta Italia dei progetti di educazione alla legalità, in collaborazione con l'Università La Sapienza di Roma. Nel 2002 parteciparono venti scuole palermitane e quaranta nel resto d'Italia. In pochi anni la partecipazione degli studenti è cresciuta moltissimo. L'anno scorso abbiamo contato centoventi istituti palermitani e seicento nel resto d'Italia.

I ragazzi che arrivano sono giovani preparati; hanno studiato e approfondito la storia di Giovanni e di Paolo. Vengono accompagnati nell'aula bunker da personaggi di spicco e da un "capitano" d'eccezione, che io definisco il "capitano della legalità", Pietro Grasso, l'attuale procuratore antimafia. Con lui ci sono don Ciotti, i rappresentanti di Confindustria e alcuni ministri. Questo incontro avvicina i ragazzi alla realtà istituzionale, apparentemente lontana. In quel momento la sentono vicina.

Il 23 maggio non è soltanto un giorno commemorativo: è un abbraccio ideale fra i ragazzi provenienti da ogni regione del nostro Paese. La partecipazione è talmente sentita che abbiamo dovuto allestire punti di incontro anche in alcune piazze della città, oltre che nell'aula bunker. Il luogo simbolo della riscossa dello Stato contiene settecentocinquanta persone, ma, nei quartieri più degradati, come Brancaccio, piazza Maggiore, lo Zen, Borgo Nuovo, si amplificano il valore e l'obiettivo della nostra iniziativa, con punti di ascolto e di aggregazione.

«Il mondo che vorrei» era il tema lanciato nel 2011. È sicuramente il disegno di un mondo che ricorda; anzi, che sa come ricordare. E che ha chiaro in cosa credere: combattere per un futuro più onesto e responsabile.

Ho voluto ripercorrere con Francesca Barra i momenti salienti della mia vita con Giovanni e della sua avventura umana per poter raggiungere il maggior numero di giovani di tutta Italia, dato che mi è impossibile andare in ognuna delle scuole che mi chiamano perché parli agli studenti. Voglio comunque ringraziare gli insegnanti, perché loro sono stati lo strumento più utile per raggiungere lo scopo che si prefiggeva mio fratello quando diceva: «Per ora è essenziale che il fenomeno mafioso, per la società civile, sia ricondotto a semplice fenomeno criminale, isolandolo. Vanno rescissi fino in fondo i suoi legami innaturali che hanno consentito alla mafia di infiltrarsi, inquinare, corrompere. Solo quando tutti la sentiranno come corpo estraneo, allora, la mafia, potrà essere debellata».

Postfazione

Conversazione con il dottor Sergio Lari

Procuratore della Repubblica di Caltanissetta

Intervista di Francesca Barra

Lei ha avuto modo di conoscere Giovanni Falcone?
In quale occasione?
Ho conosciuto Giovanni Falcone nella seconda
metà degli anni Ottanta e ho avuto modo di fre-
quentarlo assiduamente quando svolgevo le funzioni di pretore presso la Pretura circondariale di
Palermo.

A quell'epoca non avevo una collocazione nel-
l'ambito dell'Associazione nazionale magistrati, anche
perché non ero convinto dell'impostazione molto
corporativa delle tradizionali correnti all'interno
dell'Anm. Quando ebbi l'occasione di incontrare
Giovanni, fu proprio per conoscere il leader palermitano di una nuova aggregazione associativa che,
all'epoca, si era attribuita il nome di «Movimento
per la Giustizia – Proposta 88».

Rimasi affascinato dal carisma e dalla potente carica di entusiasmo che Giovanni era capace di trasmettere ai suoi interlocutori allorché proponeva un modello di giudice completamente diverso da quello cui eravamo abituati: una figura professionale che, piuttosto che occuparsi della carriera, avesse a cuore gli interessi della collettività e del servizio Giustizia; un professionista fedele alla Costituzione e consapevole del fatto che il controllo di legalità deve essere effettuato con competenza tecnica, ma sempre alla luce dei valori costituzionali.

Un tema, questo, assai caro a Giovanni che – lo ricordo bene perché ero presente anch'io – ne fece oggetto di un importantissimo intervento dal titolo *La professionalità e le professionalità*, in occasione di un convegno organizzato a Milano nel novembre 1988 dal Movimento per la Giustizia.

A ben vedere, Giovanni proponeva un modello di giudice specializzato, rigoroso e professionalmente attrezzato, che si contrapponeva alla figura del giudice tuttofare (capace cioè di passare nel corso della carriera dal civile al penale e dal settore giudicante a quello requirente), caro alla stragrande maggioranza dei magistrati aderenti all'Anm. Anche per questa sua potente carica innovativa egli fu osteggiato da larghi settori della magistratura associata.

Con Giovanni, le cui idee in breve divennero anche le mie, si passò presto dalla frequentazione per motivi associativi a un rapporto di amicizia, e fu proprio lui ad appoggiare la mia nomina a segretario del neonato Movimento per la Giustizia, incarico che ho ricoperto fino al settembre del 1993, allorché venni nominato procuratore della Repubblica di Trapani.

Durante quegli anni, insieme con pochi altri amici, sono stato testimone privilegiato delle vicende umane e professionali che segnarono la vita di Giovanni, e potrei rievocare tanti episodi. Ma ciò che mi preme sottolineare è che Giovanni quasi mai viene ricordato per il suo impegno associativo che, viceversa, fu molto intenso e appassionato e ha lasciato una traccia indelebile in chi, come me, ha avuto il privilegio di percorrere lo stesso cammino, anche se per un tempo troppo breve.

*Nel 2011 lei, procuratore della Repubblica di Cal-
tanissetta, ha riaperto il fascicolo sulla strage di Capaci. Su quali basi?*
Le indagini sono state riaperte sulla base di nuove
dichiarazioni rese, a decorrere dal luglio del 2008,
dal collaboratore di Giustizia Gaspare Spatuzza,
oltre che su quelle rese, a far data dall'aprile 2011,
dal collaboratore di Giustizia Fabio Tranchina.

Il contenuto di tali propalazioni – che ha però
riguardato in maniera preponderante la strage di
via D'Amelio –, proprio per la sua carica innovativa, è stato sottoposto a un'accurata attività
di riscontro, anche alla luce della rilettura degli
atti dei procedimenti già celebrati in materia, ed
è stato sviluppato mediante nuove investigazioni
che hanno consentito di giungere a significativi
risultati. La Dia, su richiesta del gp di Caltanissetta, giovedì 8 marzo 2012, ha eseguito quattro
ordinanze di custodia cautelare in carcere. I provvedimenti riguardano il boss Salvatore Madonia,
già in carcere, considerato uno dei mandanti della strage di via D'Amelio e i due esecutori Vittorio Tutino e Salvatore Vitale. L'ex collaboratore
di Giustizia Calogero Pulci è invece accusato di

falsa testimonianza durante il processo denominato «Borsellino Bis».

Per ragione di riserbo investigativo non posso aggiungere altro, ma ritengo doveroso evidenziare che si tratta di indagini ancora in corso che non mettono in discussione i risultati processuali ottenuti nei processi già celebrati sulla strage di Capaci, ma che mirano, semmai, a individuare ulteriori responsabilità rispetto a quelle già accertate giudiziariamente.

In altri termini, ciò significa che le nuove indagini, diversamente da quanto verificatosi per la strage di via D'Amelio, non scagionano nessuna delle trentasei persone che sono state condannate in passato per la strage di Capaci, tutti personaggi di spicco di Cosa Nostra.

In data 22 aprile 2006 la Corte d'Assise d'Appello di Catania, chiamata a giudicare sulla posizione dei mandanti delle stragi di Capaci e di via D'Amelio, a seguito di annullamento con rinvio da parte della Corte di Cassazione, ha emesso un'importante sentenza (la n. 24/2006, passata in giudicato, a seguito di vaglio positivo della Suprema Corte di Cassazione, in data 18 settembre

2008) nel cui contesto sono state accertate le responsabilità di quasi tutti i mandanti delle stragi predette.

Dalla lettura degli atti del processo è emerso che importanti collaboratori di Giustizia, quali Antonino Giuffrè e Giovanni Brusca, hanno riferito di una riunione della commissione provinciale di Palermo di Cosa Nostra – svoltasi in un giorno compreso tra la fine di novembre e il 13 dicembre 1991 – nel cui contesto, con la presenza di Salvatore Riina e dei capi mandamento o loro sostituti, si deliberò l'avvio della strategia di morte di Cosa Nostra, che prevedeva l'uccisione dei nemici storici dell'organizzazione criminale (primi fra tutti i magistrati Falcone e Borsellino) nonché di coloro che si erano rivelati inaffidabili e/o traditori.

Del resto Giovanni Falcone era già miracolosamente scampato nel giugno 1989 all'attentato dell'Addaura, e non deve stupire che Cosa Nostra avesse con lui un conto da regolare, specie se si considera che proprio in quel periodo si avviava a conclusione in Cassazione il cosiddetto maxiprocesso (di cui Falcone e Borsellino, come è noto, furono i promotori) e che Salvatore Riina era in possesso di informazioni che lasciavano presagire un esito infausto – per Cosa Nostra – del processo in questione.

Orbene, a quella riunione, convocata per gli auguri di Natale ma che diede l'avvio alla stagione stragista di Cosa Nostra, era presente anche Salvo Madonia in rappresentanza del padre Francesco (all'epoca capo mandamento di Resuttana, che si trovava in stato di detenzione).

Altro, per ora, non posso aggiungere.

Il pentito Gaspare Spatuzza ha scoperchiato le carenze delle indagini precedenti? Perché sono stati commessi errori? Su che cosa si sono basati i processi?
Gaspare Spatuzza, già reggente del mandamento mafioso di Brancaccio e fedelissimo dei fratelli Graviano, ha fornito una versione diversa di un importante segmento esecutivo della strage di via D'Amelio, rivelatasi fin dal primo momento del tutto incompatibile con le precedenti acquisizioni processuali, benché queste ultime fossero passate al vaglio di tre processi (processi detti Borsellino

uno, bis e ter), tutti definiti con sentenze passate in giudicato.

In particolare ha confessato di avere eseguito, in concorso con altri, su ordine di Giuseppe Graviano, il furto dell'autovettura Fiat 126 utilizzata coma autobomba per la strage di via D'Amelio, oltre che delle targhe da apporvi, nonché di aver reperito il materiale necessario a innescare l'ordigno.

A seguito delle indagini a riscontro delle dichiarazioni rese da questo collaboratore di Giustizia, e sulla base di autonome e ulteriori attività investigative, è risultato che i procedimenti penali svoltisi in precedenza erano stati in buona parte viziati dalla valorizzazione di false dichiarazioni rese da alcuni collaboratori di Giustizia dell'epoca (Salvatore Candura, Vincenzo Scarantino, Francesco Andriotta, Calogero Pulci).

Quando le indagini hanno asseverato che le dichiarazioni di Spatuzza e di Tranchina erano da ritenersi veritiere, con i colleghi titolari ci siamo resi conto che non soltanto erano sfuggiti alle precedenti investigazioni diversi soggetti da ritenersi corresponsabili della strage di via D'Amelio, ma, fatto ancora più grave, erano state condannate molte persone innocenti a pene severe, tra cui sette ergastoli.

È stato pertanto necessario portare avanti in tempi strettissimi e con importanti difficoltà operative indagini rese particolarmente difficili dalla lunghezza del tempo trascorso dalla consumazione della strage, con la piena consapevolezza che occorreva far presto, poiché, accanto all'esigenza dell'accertamento scrupoloso della verità, si poneva il dovere morale e giuridico di non causare il prolungamento dello stato di detenzione delle suddette persone.

A ben vedere, si è trattato di una vera e propria corsa contro il tempo, condotta senza risparmio di energie e con sacrifici enormi.

I relativi esiti, alfine, sono giunti, e sono già passati positivamente al vaglio della Corte d'Appello di Catania (competente per l'eventuale revisione delle sentenze di condanna ingiustamente emesse in passato); infatti, il 27 ottobre 2011, sono state temporaneamente scarcerate, in attesa della quasi certa celebrazione del processo di revisione, sette persone ingiustamente condannate all'ergastolo e una (il noto Vincenzo Scarantino) a diciotto anni di reclusione.

Sulle ragioni per cui, nei processi celebratisi in passato sulla strage di via D'Amelio, siano stati commessi degli errori così gravi, preferisco non rispondere, poiché si tratta di vicenda di estrema complessità sulla quale dovrà pronunciarsi la competente autorità giudiziaria nissena, nell'ambito del processo che dovrà essere celebrato a carico dei presunti calunniatori e dei nuovi presunti responsabili della strage di via D'Amelio individuati dal mio Ufficio.

Non si può, tuttavia, tacere che si tratta di una vicenda di una gravità inaudita che deve indurci a riflettere sulla necessità di improntare le indagini e i processi a criteri di assoluto rigore, senza farsi condizionare da logiche di tipo emergenziale, da convinzioni preconcette e/o dalla incapacità di cambiare idea quando, viceversa, gli accertamenti processuali lo impongono sulla base di un'analisi obiettiva e scevra da condizionamenti anche o soltanto di natura psicologica.

Ciò che posso dire, senza per questo anticipare alcun giudizio in merito, è che non ha funzionato il sistema investigativo e giudiziario nel suo complesso, malgrado i pesi e contrappesi e le numerose garanzie processuali di cui è dotato il nostro ordinamento giuridico.

Una constatazione amara, che deve indurci a una meditazione sulla fallacia della Giustizia umana e sul rischio sempre incombente dell'errore giudiziario, che può essere scongiurato soltanto attraverso l'impegno rigoroso e professionale nella raccolta degli elementi di prova da sottoporre al vaglio del giudice.

Nell'ambito delle indagini sono emersi elementi di prova sufficienti per dimostrare che, accanto alla mafia, ci fosse il coinvolgimento di poteri occulti anche politici?

Allo stato la risposta deve essere negativa. Nel senso che su questo versante delle investigazioni preliminari non sono stati raggiunti elementi di prova certi che possano consentire l'utile esercizio dell'azione penale. Tuttavia, sono ancora in corso indagini sul tema della eventuale responsabilità di soggetti esterni a Cosa Nostra che possano avere dato un contributo nella fase esecutiva della strategia di morte di questa organizzazione criminale, nel contesto, pertanto, di una convergenza di interessi politico-criminali tra poteri occulti da una parte e Cosa Nostra dall'altra.

È bene, però, precisare che la fase deliberativa delle stragi stesse è da ascriversi all'esclusiva responsabilità di Cosa Nostra, e ha preso l'avvio nell'autunno 1991 con due riunioni della commissione regionale di Cosa Nostra per proseguire con la riunione della commissione provinciale di Palermo cui ho accennato in precedenza e con altre successive riunioni per gruppi ristretti tenutesi durante i primi mesi del 1992.

Pertanto, a mio avviso, non è corretto ipotizzare, come pure alcuni fanno, l'esistenza di mandanti esterni (rispetto a Cosa Nostra) delle stragi, ma appare più rispondente alle logiche e al funzionamento di Cosa Nostra immaginare, semmai, la responsabilità di concorrenti esterni affiancatisi quando già le stragi erano state deliberate e dovevano essere soltanto eseguite.

Se la trattativa Stato-mafia fosse definitivamente dimostrata, con prove inconfutabili, come si potrebbe continuare ad avere fiducia nello Stato?

Che la cosiddetta trattativa vi sia stata non c'è dubbio alcuno, essendo stato dimostrato nei processi celebratisi a Firenze sulle stragi del 1993 oltre che nell'ambito delle indagini condotte in collegamento investigativo dalle Procure della Repubblica di Palermo e Caltanissetta.

Il problema, semmai, sta nel mettersi d'accordo su cosa debba intendersi per "trattativa", poiché dalle indagini – oltre che in un importante processo in corso a Palermo – emerge che ciascuno dei partecipanti a tale vicenda ha dato una personale chiave di lettura di questo termine.

Essendovi un processo in corso presso il Tribunale di Palermo, posso limitarmi a dire che – secondo la mia opinione, oltre che quella dei magistrati che insieme con me hanno condotto le indagini su questa vicenda – la cosiddetta trattativa ha determinato l'accelerazione del progetto omicidiario già deliberato da Cosa Nostra nei confronti di Paolo Borsellino.

La constatazione di ciò dovrebbe indurci a una riflessione collettiva sul fatto che con organizzazioni criminali mafiose, come Cosa Nostra e altre similari, lo Stato non può neppure ipotizzare di scendere a patti, perché ciò, oltretutto, verrebbe inteso come un segno di debolezza e alimenterebbe altre iniziative criminali sempre più gravi ed eclatanti.

L'unica strategia valida nei confronti del fenomeno mafioso è quella del contrasto rigoroso e inflessibile, con il Codice in mano.

Dalle stragi del 1992 a oggi, a che punto sono le indagini? Perché si fa tanta fatica ad ammettere di essere vicini alla verità?
Le indagini sulle stragi del 1992 sono state espletate con impegno e determinazione fuori dal comune e hanno consentito di dare una risposta appagante a molte domande irrisolte.

Siamo pertanto molto soddisfatti dei risultati ottenuti. Tuttavia rimangono ancora degli interrogativi da chiarire, cui occorre dare una risposta, e pertanto, su alcuni temi, le indagini proseguono attivamente.

Quando sarà possibile una *discovery* totale sui risultati investigativi raggiunti, confido che l'opinione pubblica si renderà conto di quanto siamo arrivati vicini alla verità.

C'è un collegamento fra l'attentato dell'Addaura e la strage di Capaci?
La risposta a questa domanda è positiva.

Cosa Nostra si è resa conto quasi subito del pericolo rappresentato da Giovanni Falcone: un magistrato inquirente che incarnava e proponeva un modello di investigatore capace, professionalmente attrezzato, rispettoso delle regole e contemporaneamente in grado di porre in essere moderni metodi d'indagine.

A ben vedere, agli occhi di tale organizzazione, abituata alle assoluzioni per insufficienza di prove e a confrontarsi con modelli di magistrato-burocrate, Giovanni Falcone è apparso come un pericoloso nemico da abbattere, insieme a quelli che condividevano il suo stesso modo di pensare e di agire.

Ciò spiega perché, già nel giugno 1989, Cosa Nostra avesse tentato di ucciderlo ponendo dell'esplosivo sulla scogliera dell'Addaura e perché questo progetto di morte non sia stato mai accantonato, ma portato avanti con determinazione e probabilmente con il contributo di quelle che lo stesso Giovanni Falcone definì «menti raffinatissime».

Altro non posso aggiungere, poiché su questo argomento le indagini proseguono, specie al fine di individuare eventuali responsabilità di soggetti esterni a Cosa Nostra.

Ringraziamenti

Ringraziamo la casa editrice Rizzoli e Lydia Salerno per aver voluto realizzare dopo vent'anni questo libro, che è anche un progetto di memoria, sul giudice Giovanni Falcone. In questo viaggio, attraverso i nostri dialoghi, si sono incontrate due generazioni: quella ferita, che ricorda perché ha vissuto, e quella che ancora non può dimenticare, e dunque racconta.

Ringraziamo il Presidente del Tribunale di Palermo Leonardo Guarnotta, il Consigliere Giuridico del Quirinale Loris D'Ambrosio e il Procuratore Capo di Caltanisetta Sergio Lari per le loro testimonianze.

Il giornalista Giommaria Monti per le sue consulenze e Sergio Gallo per le sue traduzioni di articoli internazionali.

La fondazione Giovanni e Francesca Falcone per il materiale di archivio.

I giovani, i docenti e la società civile che hanno scelto la partecipazione.

I familiari delle vittime di mafia e gli agenti delle scorte che proteggono con coraggio e instancabile "spirito di servizio".

Indice

Introduzione
Ricordare Falcone vent'anni dopo
di Francesca Barra   5

Premessa
Un uomo che fu e sarà sempre immortale
di Leonardo Guarnotta   15

Prologo   Io, Maria, ricordo Giovanni   25
1. Figlio della Kalsa   27
2. L'Italia chiamò   41
3. Nasce il metodo Falcone   55
4. Dopo il sangue, il veleno   73
5. Francesca, la donna con la toga   83
6. Avanti, senza pensare alla paura   91
7. Frecciate dai giornali   101

8. L'uomo giusto e la fine del pool   109
9. Il Paese felice   123
10. Era un amico   131
11. Superprocuratore   141
    Ricordo di Giovanni Falcone
    di Loris D'Ambrosio   153
12. 23 maggio 1992: la mattanza   167
13. Per amore   173

Postfazione
Conversazione con il dottor Sergio Lari   189

Ringraziamenti   207

Finito di stampare nel febbraio 2019 presso
Grafica Veneta – via Malcanton, 2 – Trebaseleghe (PD)
Printed in Italy